AF558401

Blaue Wimpel im Sommerwind

DDR-Ferienlager in Brandenburg 1949-1989

Text: Marcel Piethe

Mitarbeit: Peggy Prien, Eva Schubring, Eva Steinborn

FERIENHEIM ORTKRUG
DR.
BETONWERK RETHWISCH
KINDER-
FERIENLAGER
Hauptpostamt Berlin-Pankow
Betriebs-
kinderferienlager
VEB Wohnungs- und
Gesellschaftsbaukombinat Schwerin

Vorwort

Sommerzeit – Ferienlagerzeit. So erinnern sich heute noch viele an ihre Kindheit in der DDR. In über 5 000 Betriebsferienlagern und 48 Zentralen Pionierlagern verbrachten bis 1989 jährlich rund eine Million Kinder ihre Ferien.
Bereits seit dem Ende des 19. Jahrhunderts gab es Ferienkolonien für Kinder und Jugendliche, oftmals durchgeführt von verschiedenen Jugendverbänden. Ob Pfadfinder, Wandervogel, Rote Falken oder Hitlerjugend: Fahrten und Zeltlager mit eigenem Liedgut und eigenen Uniformen stärkten das Gemeinschaftsgefühl und waren neben der Erholung immer auch ein Mittel, Kindern und Jugendlichen eine bestimmte politische Ideologie nahezubringen. So auch später in der DDR.
Schon 1949, im Gründungsjahr der DDR, wurden Kinderferienlager durchgeführt. Bald darauf wurden Betriebsferienlager von staatlichen Betrieben organisiert und standen allen Kindern der dort beschäftigten Arbeiter und Angestellten offen. In eines der 48 Pionierlager fahren zu dürfen, galt hingegen als Auszeichnung für gute schulische Leistungen und eine aktive Mitarbeit in der staatlichen Pionierorganisation. Entsprechend mehr Raum nahmen in den Pionierlagern Aktivitäten ein, die der sozialistischen Erziehung und politischen Schulung dienten.
Der Tagesablauf in den Lagern war fest geregelt: Zwischen dem Frühsport, den Mahlzeiten und der Nachtruhe verbrachten die Kinder und Jugendlichen viel Zeit organisiert in der Gruppe: Es gab Ausflüge und Wanderungen, Kurse und Arbeitsgemeinschaften, gemeinschaftliche Kinobesuche und Sportwettkämpfe. Höhepunkte der Ferienlager waren regelmäßig Diskos, Nachtwanderungen und Feiern, zum Beispiel das Neptunfest. Dazu gab es viel freie Zeit zum Baden, Tischtennisspielen oder zum Knüpfen von Freundschaften. Nicht ohne Grund ist für viele in der DDR aufgewachsene Menschen die Erinnerung ans Ferienlager gleichzeitig die Erinnerung an den ersten Kuss …
Jährlich wurden staatliche Durchführungsverordnungen herausgegeben, die regelten, wie die Lager zu organisieren und zu verwalten waren. Unzählige Helfer kümmerten sich um die Versorgung der Kinder und Jugendlichen. Von Ministerien und staatlichen Massenorganisationen herausgegebene Handbücher und methodische Abhandlungen widmeten sich bis ins kleinste Detail organisatorischen und inhaltlichen Fragen.

Eröffnungsappell

Und auch die materiellen Rahmenbedingungen waren durch staatliche Vorgaben geregelt: von der Bettdecke über den Betonmischer bis hin zum Luftgewehr …

Wie wichtig Ferienlager für das Selbstverständnis der DDR und die sozialistische Erziehung waren, zeigt die umfangreiche Berichterstattung in den damaligen Medien. Auch für den Film, für Erzählungen und Romane lieferten Geschichten aus dem Ferienlager den Stoff. Und in den modernen sozialen Medien sind die Ferienlager auch heute noch präsent.

Dieses Buch stellt Informationen aus Archivmaterialien den persönlichen Erinnerungen ehemaliger Ferienlagerkinder und Betreuer gegenüber und zur Seite, illustriert durch Fotografien aus 40 Jahren Ferienlager in der DDR.

Eine kurze Geschichte der Ferienlager

Frühe organisierte Freizeitformen

Freizeit und Ferien sind Errungenschaften sozialer Bewegungen in Europa um 1900, aus einer Zeit, die geprägt war durch einen tiefgreifenden gesellschaftlichen, sozialen und kulturellen Wandel. Die erbärmlichen Lebensumstände in den Arbeiterquartieren der Großstädte und unter weiten Teilen der Landbevölkerung gaben den Nährboden für radikale politische Ideen: Revolutionäre Bewegungen und Lebensreformbewegung entstanden als Reaktion auf die moderne Industriegesellschaft.
Kinder und Jugendliche wurden als der zukunftsbahnende Teil der Gesellschaft verstanden. Bereits 1876 hatte der Schweizer Theologe und Sozialpädagoge Walter Bion eine Ferienkolonie zur Förderung der körperlichen und geistigen Frische für Kinder gegründet. Ferienkolonien nach diesem Vorbild entstanden rasch in Deutschland, Großbritannien, Frankreich, Schweden und in vielen anderen Ländern.
In nahezu allen europäischen Staaten wurden ideologisch geprägte, oftmals den politischen Parteien nahestehende Jugendorganisationen gegründet. Besonders im frühen Sowjet-Russland galt die Einbindung der Jugend in das politische und gesellschaftliche Geschehen als eine der wichtigsten Voraussetzungen, eine neue Gesellschaftsordnung zu errichten. Schon ein Jahr nach der Revolution, im Oktober des Jahres 1918, wurde der Leninsche Kommunistische Jugendverband, der Komsomol, gegründet, in dem sich Jugendliche im Alter von 15 bis 28 Jahren organisierten. Als Untergruppen im Komsomolverband entstanden 1924 die Jungen Pioniere für die Neun- bis Fünfzehnjährigen und die Oktobristen für sieben- bis neunjährige Kinder.
Auch im Deutschen Kaiserreich und ab 1918 in der jungen Weimarer Republik entstanden zu dieser Zeit Jugendverbände in unterschiedlichen sozialen Milieus. Pfadfinder und Wandervogel organisierten Freizeit außerhalb von Schule und Arbeit. Die Scharnhorstjugend war die Jugendorganisation des rechten, paramilitärisch organisierten Soldatenbunds Stahlhelm und veranstaltete ebenso Wanderfahrten und Zeltlager wie der Christliche Verein Junger Männer, CVJM.
Und auch die Sozialdemokraten führten Wanderfahrten und Sommerlager mit Mädchen und Jungen durch, erkannten die Organisation von Freizeit für junge Menschen als Möglichkeit, ihre pädagogischen Vorstellungen von der Erziehung der Jugend zu verwirklichen. In Braunschweig hielt die sozialdemokratische Jugend 1925 ein durch die Kinder selbst verwaltetes Zeltlager ab.

Christlicher Verein
Junger Menschen auf Borkum

Wandervogel zieht durch
die Mark Brandenburg

… ob Christlicher Verein Junger Menschen oder Hitlerjugend: im Gleichschritt über Land

... links, rechts im Gleichschritt marschiert

Und seit 1927 organisierten die Roten Falken als sozialdemokratischer Jugendverband in den Sommermonaten Großzeltlager für jeweils mehr als 1000 Mädchen und Jungen.
In den sogenannten Kinderrepubliken sollten im Lageralltag bei den Kindern Verständnis und Begeisterung für die Gemeinschaft in einer neuen, sozial gerechten Gesellschaftsordnung geweckt werden. Die Kinderrepublik als Konzept der Reformpädagogik umfasste Ansätze von gemeinschaftlichem Leben: Kinder übten demokratische Mitbestimmung, die Funktionsweise von Staaten und gesellschaftliches Zusammenleben.
Auch andere Jugendorganisationen griffen die Idee der Kinderferienlager auf, und so zog die katholische Reichsarbeitsgemeinschaft Kinderwohl im Sommer über Land und verbrachte Ferienfreizeit in Zeltlagern. Die Nationalsozialistische Deutsche Arbeiterpartei, die NSDAP, bildete einen Jugendverband und gründete 1926 eine parteieigene Jugendorganisation. Die Hitlerjugend schuf Gemeinschaftserlebnisse mit Disziplin und Kameradschaft – auch in Zeltlagern bei Gesang am Lagerfeuer und bei militärischen Geländespielen.

Die Kommunistische Jugend Deutschlands als Jugendorganisation der Kommunistischen Partei, KPD, gab es bereits seit 1920. Wie andere Jugendverbände organisierten der Jung-Spartakus-Bund und die Rote Jungfront, die 1924 gegründete Jugendabteilung des Roten Frontkämpferbundes, eigene Zeltlager.
Den politisch unterschiedlich orientierten Jugendverbänden wurde die Organisation der Freizeit zum Ausdruck ihres jeweiligen Selbstverständnisses. Die Formen waren gleich: Außerhalb von Schule, Ausbildung und Arbeit wurden Gemeinschaftserlebnisse geschaffen. Fahrten, Wanderungen, Zeltlager, gemeinsames Liedgut und Uniformierung waren die Zeichen der Jugendgruppen.

Artek

In der Sowjetunion befand sich das Vorbild aller später in den sozialistischen Ländern des Ostblocks und insbesondere der DDR eingerichteten Ferien- und Pionierlager: Artek, das einstmals größte Kinderferienlager der Welt auf der Halbinsel Krim, in der Nähe des berühmten Kurortes Jalta. Es galt als Prototyp der Pionierlager. Im Juni 1925 durch die sowjetische Pionierorganisation Wladimir Iljitsch Lenin als Allunions-Erholungslager für Kinder errichtet, kamen dorthin in den ersten Jahren an Tuberkulose erkrankte Kinder zur Erholung. In den folgenden Jahrzehnten wurde Artek aber zum größten Kinderferien- und Pionierlager der Welt und zum Prestigeobjekt der Sowjetunion ausgebaut.
Sieben Kilometer entlang der Schwarzmeerküste, auf einer Fläche von knapp fünf Quadratkilometern, erstreckte sich das Pionierlager wie eine kleine Stadt. Unterkünfte für 25 000 Kinder gab es in Artek, dazu Kinos, Cafés, Schulen, ein Krankenhaus, ein Rundfunk- und ein Filmstudio, Museen und Musikpavillons, Schwimmbäder sowie ein Stadion mit 10 000 Plätzen.
In sechs Jahrzehnten verbrachten hier knapp drei Millionen sowjetischer Kinder ihre Ferien. Dazu kamen Zehntausende Gäste aus dem Ausland, aus mehr als 60 verschiedenen Ländern - aus den USA und Großbritannien, aus Japan und Mosambik, aus Polen und aus der DDR.
Und mit Artek wurde auch Staat gemacht: Beinahe alle Staatschefs kommunistisch regierter oder mit ihnen befreundeter Länder sowie die Führer kommunistischer Parteien westlicher Staaten bekamen bei Visiten in der Sowjetunion Artek vorgestellt: Walter Ulbricht aus der DDR und Georgi Dimitroff aus Bulgarien, János Kádár aus Ungarn und Ho Chi Minh aus Vietnam warteten - propagandistisch inszeniert - in Artek auf.
Das Pionierlager war ganzjährig belegt. Ferien im Artek verbringen zu dürfen, galt als Auszeichnung für Klassenbeste und Pioniere, Jungfunktionäre der Pionierorganisation, die

Artek, die sowjetische Kinderstadt am Schwarzen Meer.

Pionierferien: uniformiert und zum Appell in Artek.

sich mit ihrer politischen Arbeit besonders hervorgetan hatten. Doch Artek war auch bekannt für seinen militärischen Drill: Neben dem obligatorischen Morgenappell in Pionieruniform und mit Halstuch gab es Aufmärsche der Pioniere zu jeder sich bietenden Gelegenheit – und jede Menge politischer Schulungen. Diese wurden zuweilen von berühmten Persönlichkeiten und wichtigen Politikern der damaligen Zeit abgehalten: Fidel Castro und Indira Gandhi zählten ebenso zu den Referenten wie die Kosmonauten Juri Gagarin und Valentina Tereschkowa.

Auch Pioniere aus der DDR, die jährlich für eine Reise nach Artek auf der Krim von der zentralen Pionierorganisation Ernst Thälmann delegiert wurden, waren dabei. „Zwanzig Pioniere aus der DDR kamen jedes Jahr in unser wunderschönes Ferienlager", erinnert sich Wjatscheslaw Stribuk, der die jungen Gäste aus der DDR zwanzig Jahre lang betreute. „Sie badeten, lagen in der Sonne, trieben Sport oder machten Ausflüge."

Artek: Diesen Namen kannten die meisten DDR-Bürger. Als Märchenstadt, als ein Paradies auf Erden oder zauberhafter Erdenwinkel wurde Artek in den Schulen der DDR gepriesen; Beschreibungen und Abbildungen in Schulbüchern und Jugendzeitschriften machten Artek bekannt.

Die Organisation der Verwaltung und des Lageralltags des Pionierlagers Artek und ebenso sein funktionaler Aufbau und seine architektonische Gestaltung wurden zum Vorbild der Pionierlager in der DDR – von der Einrichtung sanitärer Einrichtungen bis zur Inszenierung von Ideenbereichen: Wandgemälde, Mosaike und Skulpturen erinnerten an bekannte Persönlichkeiten des Sozialismus wie Lenin, Marx und Thälmann oder stellten die Leitmotive sozialistischer Weltanschauung nach dem Verständnis der DDR dar: Heimatliebe, Gesundheit, Wissensfreude.

Das Pionierlager „Klim Woroschilow"

In der direkten Tradition von Ferienlagern der Vorkriegszeit stand das Pionierlager Klim Woroschilow in der Uckermark. Bereits 1928 organisierte der Jugendverband der Kommunistischen Partei Deutschlands auf Initiative des Jugendfunktionärs Bruno Kühn ein Zeltlager am Großen Lankensee in Hammelspring bei Templin und benannte es nach dem damaligen sowjetischen Volkskommissar für Armee und Marine, Kliment Jefremowitsch Woroschilow. Im darauffolgenden Jahr 1929 befand sich das Woroschilow-Lager wenige Kilometer weiter am Röddelinsee. „In 25 Rundzelten waren die Kinder untergebracht, etwa 20 in jedem. Geschlafen wurde auf Stroh. Etwas abseits standen vier Gulaschkanonen … Durch ein Trompetensignal wurden die …

… Ferienlager kommunistischer Jugendgruppen um 1928

Kinder geweckt. Nach dem Baden beziehungsweise Waschen und Freiübungen hieß es, zum Morgenappell mit Fahnenhissung anzutreten. Anschließend konnten die Kinder Angebote verschiedener Arbeitsgemeinschaften nutzen. Ihnen dabei die Grundfragen der Lehre vom Klassenkampf zu erläutern, wurde natürlich nicht vergessen."

In Anlehnung an die Tradition des Ortes eröffnete die Pionierorganisation der DDR im Juni 1958 wieder ein Sommerzeltlager mit dem Namen Klim Woroschilow. Der Namensgeber war zu dieser Zeit das Staatsoberhaupt der Sowjetunion. In den Folgejahren entstanden die ersten massiven Bauten: ein Küchengebäude und eine Krankenstation. Später erhielt das Pionierlager feste Bungalows. Wo im Sommer die Pionierferienlager stattfanden, wurden im Winter Schulungs- und Ausbildungsveranstaltungen der Zivilverteidigung der DDR durchgeführt. Erster Trägerbetrieb der Einrichtung war der Staatliche Forstwirtschaftsbetrieb Templin. Später finanzierte der VEB Energieversorgung Neubrandenburg die Ferien- und Schulungseinrichtung. Nach 1990 wurde das ehemalige Pionierlager für Umschulungen von arbeitslosen Akademikern der DDR genutzt.

Am Lagerfeuer

Flackerndes Feuer, Zelte die träumen,
ruhloser Nachtwind fern in den Bäumen.
Schür die Glut und laß das Feuer nicht verwehen!
Übers Jahr erst werden wir ein neues sehen.

Hoch loht die Flamme, stumm wird die Runde,
Abschied zu nehmen, mahnt uns die Stunde.
Steigt ein letztes Lied empor, mein Freund, nun singe,
dass es in die abendstille Weite dringe!

Matt wird das Feuer, bald ist's verglommen,
über uns ist die Nacht schon gekommen,
schlaf nun ein, mein Freund, sollst gute Träume finden!
Übers Jahr wirst du das Feuer neu entzünden!

Volkslied aus Ungarn mit Melodie nach Bela Bartok
Nachdichtung: Heidi Kirmße

Ferienlager in der Sowjetischen Besatzungszone und Anfangszeit DDR

Schon vor ihrer Rückkehr aus dem Moskauer-Exil nach Berlin, am Ende des Zweiten Weltkrieges, entwickelte die KPD-Spitze in Moskau Pläne für ihre Nachkriegsjugendpolitik: Sie gab vor, einen eigenständigen und nicht ausschließlich kommunistischen Jugendverband schaffen zu wollen, sondern eine antiimperialistische und demokratische Jugendorganisation unter der Bezeichnung Freie Deutsche Jugend. Unmittelbar nach dem Ende des Krieges wurden unter Kontrolle der sowjetischen Besatzungsmacht in Berlin, in Dresden und in anderen Städten sogenannte Jugendausschüsse gegründet. Und schon im Sommer 1945 fanden die ersten behördlich organisierten Freizeitveranstaltungen für Jugendliche statt.

Ein Jahr nach Kriegsende gab es im Rahmen der Aktion „Der Sommer für die Kinder" bereits Plätze für mehr als eine halbe Million Mädchen und Jungen in der örtlichen Erholungsfürsorge, in Landpflegestellen und Heimen – geschaffen von den neuen Verwaltungsorganen, darunter dem sogenannten Verband der Volkssolidarität und den Frauenausschüssen sowie dem neugegründeten Jugendverband der Freien Deutschen Jugend, FDJ. Mit Unterstützung und unter Kontrolle der Sowjetischen Militäradministration fuhren in der damaligen Sowjetischen Besatzungszone (SBZ) deutsche Jugendliche wieder ins Zeltlager – nun unter den blauen Fahnen mit der aufgehenden Sonne.

Die FDJ führte ihre ersten Zeltlager in Thüringen und Sachsen-Anhalt durch. So weilten in der Ferienlageraktion 1947 bereits 22 000 Kinder zu 14-tägigen Erholungsaufenthalten in allen Teilen der Sowjetischen Besatzungszone; 700 von ihnen trafen sich im ersten zentralen Ferienlager der FDJ, Junge Freiheit, in Weida (Thüringen). Wie die Presse berichtete, erholten sich im folgenden Jahr die Kinder auf dem Gebiet der späteren DDR während der Ferien in 295 Zeltlagern. Für diese Ferienaktionen stellte die sowjetische Armee eigens Zelte zur Verfügung und übernahm die Versorgung. Betriebe und Neubauern trugen mit Sachspenden zur Erholung und Betreuung der Kinder bei.

In den ersten Nachkriegsjahren blieb die Unterbringung der Kinder außerhalb ihres Wohnortes in den Ferien ein Problem. Daher warb die FDJ mit örtlicher Ferienbetreuung, mit Wanderungen, Theaterspielen und Sportveranstaltungen zum Mitmachen.

Auch Kindern, die nicht im Pionierverband organisiert waren, standen die Angebote offen. Der Aufnahme der in der örtlichen Kindererholung geworbenen Kinder in den Verband der Jungen Pioniere galt dabei das Augenmerk der Funktionäre. Die Ferienlager sollten Erholung und Erziehung im Sinne der sozialistischen Weltanschauung und des neuen Staates bieten

... rezitieren und agitieren mit dem roten Halstuch

und sowohl Anregungen für die Selbsttätigkeit des Einzelnen als auch Aufforderung für die Tätigkeit im Kollektiv vermitteln.

Nach und nach differenzierte sich das Programm der staatlich organisierten Ferienfreizeit. Zusätzlich zu den Lagern der örtlichen Feriengestaltung und den neugeschaffenen Betriebsferienlagern begann die FDJ mit der Einrichtung sogenannter Pionierlager zur Schulung des Funktionärs- und Kadernachwuchses und eröffnete 1949 das 1. Zentrale Pionierlager Georgi Dimitroff in Prora auf Rügen.

Ab 1950 regelte das „Gesetz zur Förderung der Jugend" die Feriengestaltung in der DDR. Per Dekret erhielten 1951 volkseigene Betriebe den Auftrag, Ferienlager einzurichten. Die Zeitschrift Der Junge Pionier verkündete am 29.05.1950, dass für 100 000 Pioniere Zentrale Pionierlager errichtet werden sollten. Und das Zentralorgan der Staatspartei SED, die Tageszeitung Neues Deutschland, vermeldete im Juli desselben Jahres: „Nach bisherigen Meldungen haben über 1200 Betriebe aus eigener Initiative und mit eigenen Mitteln betriebliche Ferienlager für mehr als 182 000 Kinder ihrer Werktätigen errichtet. Hunderte von Beispielen legen Zeugnis davon ab, daß es die Werktätigen der volkseigenen Betriebe verstanden haben, die großzügigen Maßnahmen der Regierung zu ihrer eigenen Sache zu machen. Das kommt auch hier zum Ausdruck durch viele freiwillige Arbeitseinsätze, Spenden und Sonderschichten der Betriebsbelegschaften."

Unter dem Motto „Frohe Ferientage für unsere Kinder" entstanden 1951 insgesamt 2017 Ferienlager für 237 631 Kinder. Die Lager sollten die landschaftliche Schönheit der Heimat zeigen und auf Exkursionen und Wanderungen zu nahegelegenen Dörfern und Städten das kulturelle Erbe des Volkes erfahren und vom Kampf der Arbeiterklasse lernen lassen. Dafür wurden in allen Landesteilen Gelände in Wäldern und an Seen erschlossen, mit Sanitäranlagen bebaut und wurden Zelte beschafft. Die Deutsche Reichsbahn der DDR ließ extra zwei Ferienzüge bauen. Und 39 staatliche Betriebe erhielten den Auftrag, Zentrale Pionierlager (ZPL) für 70 000 Pioniere einzurichten.

Drei Viertel aller Schulkinder im Land zwischen Ostsee und Erzgebirge verbrachten 1951 einen Teil ihrer Ferien in den verschiedenen Formen der staatlich organisierten Lager- und Freizeitgestaltung.

Ferienlagerzug in der DDR

Wandzeitung und Tagesplan

Ferienfreude …

... bei Spiel, Sport und auf Exkursionen

Lernen …

... beim Wandern

Freizeit in der DDR: keine Auszeit vom Staat

In der Ideologie der DDR spielte das Kollektiv, die Gemeinschaft, eine zentrale Rolle. Nach dem Motto „Jeden gewinnen, keinen zurücklassen!" versuchte die SED, alle Menschen zu kollektiv denkenden und handelnden sozialistischen Persönlichkeiten zu formen. Dieser Prozess begann bereits im Kindergarten mit dem einheitlichen Bildungs- und Erziehungsplan Gesellschaftliches Leben und setzte sich über die Schule bis zum sozialistischen Bildungs- und Erziehungsauftrag der Betriebe fort. Arbeitsbrigaden kämpften gemeinsam im sozialistischen Brigadewettbewerb, dokumentierten die Anstrengungen in Brigadetagebüchern. Und bei der Übererfüllung des sozialistischen Planwettbewerbs durfte die Brigade auf Betriebskosten auf Brigadefahrt gehen.
In Schule, Universität und Betrieben gab es außerhalb von Schul- und Arbeitszeit ein umfangreiches Schulungs- und Versammlungssystem, das in erster Linie der staatlichen Indoktrination diente: Die Pioniernachmittage für Schülerinnen und Schüler, das FDJ-Studienjahr für Studierende und Berufsschüler und Berufsschülerinnen, die Schulen der sozialistischen Arbeit oder das Parteilehrjahr der SED – in der Volksbildung und im Hochschulwesen auch für parteilose Berufstätige verbindlich – gehörten zu den obligatorischen Veranstaltungen. Für ältere Jugendliche und Erwachsene gab es Zeitungsschauen, FDJ- und Gewerkschaftsversammlungen oder aktuell-politische Gespräche, die jeweils im Bezug zu den von der Staatspartei SED festgelegten ideologischen Leitlinien standen.
Doch nicht nur im schulischen und beruflichen Umfeld fühlte sich der DDR-Staat der Erziehung seiner Bürger verpflichtet. Die Freizeit sollte vor allem zur maximalen Erholung, zur ständigen Weiterbildung, für familiäre Belange und zur Wahrnehmung gesellschaftlicher Verpflichtungen zur Verfügung stehen. Entsprechend durchorganisiert gestaltete sich das außerschulische wie auch das außerberufliche Leben vieler DDR-Bürger.
Im Wohnumfeld organisierten sich die Bewohner in sozialistischen Hausgemeinschaften mit Hausgewerkschaftsleitungen. Und unter dem Slogan „Schöner unsere Städte und Gemeinden – Mach mit!" fanden unbezahlte Arbeitseinsätze statt, bei denen beispielsweise die Straßen und Parks gesäubert wurden. Wandzeitungen kündeten vom sozialistischen Wettbewerb im Wohngebiet. Kinder und Jugendliche wurden in ihrer Freizeit in kollektive Aktivitäten eingebunden. Für Jugendliche gab es Ernteeinsätze in den damals so genannten Jugendbrigaden; auch unentgeldliche Aufbaustunden in Betrieben waren Teil der kollektiven Arbeit – und die staatlichen Jugendtreffen der FDJ zu Pfingsten, aber auch Jugendweihen und Sportwettkämpfe, die Spartakiaden hießen, gehörten zur gesellschaftlichen Sozialisation.

Organisierte Kindheit

Die Freie Deutsche Jugend, als „zuverlässiger Helfer und Kampfreserve der Partei der Arbeiterklasse", wandelte sich im Laufe der Zeit immer mehr zu einer gigantischen Freizeitorganisation. Und das war kein Zufall. Schließlich galt den Funktionären eine zufriedene Jugend als Grundstein für einen zukünftigen, funktionierenden Staat.

Am 13. Dezember 1948 gründete die FDJ eine Massenorganisation für Kinder, den Verband der Jungen Pioniere. Den Namen „Ernst Thälmann" erhielt die Pionierorganisation auf dem I. Piontiertreffen 1952 in Dresden. Die Sechs- bis Neunjährigen waren die Jungpioniere, die Zehn- bis 14-jährigen die Thälmannpioniere. Die Pioniere trugen ein Halstuch, das Pioniertuch, das mit einem speziellen Knoten, dem Pionierknoten, gebunden wurde. Zur vollständigen Pionierkleidung gehörten außerdem eine weiße Bluse oder ein weißes Hemd mit dem aufgenähten Pionierabzeichen; dazu trugen Mädchen einen blauen Rock und Jungen eine blaue Hose. Als Kopfbedeckung diente ein dunkelblaues Käppi mit dem Pionieremblem.

Pioniertreffen in Dresden

Bis 1973 waren die Pioniertücher blau. Anlässlich des 25. Jahrestages der Gründung der Pionierorganisation erhielten die Thälmannpioniere ein rotes Halstuch. Mit etwa 14 Jahren stellten die Jugendlichen einen Antrag auf Aufnahme in die FDJ – und trugen fortan das Blauhemd mit dem FDJ-Emblem der aufgehenden Sonne auf dem linken Ärmel.
Die Mitgliedschaft in Pionierorganisation und FDJ war prinzipiell freiwillig. Doch der gesellschaftliche Druck, den Organisationen beizutreten, war groß. Wer nicht mitmachte, musste erhebliche Nachteile in Schule und Berufsausbildung befürchten: beispielsweise bei der Zulassung zu weiterführenden Schulen oder bei der Studien- und Berufswahl. Weil die Initiative zum Beitritt in die Organisation von den Schulen ausging und ohne aktives Zutun und Einwilligungsnachweis der Eltern ablief, war die Mitgliedschaft für die meisten DDR-Bürger irgendwann selbstverständlich. Und so waren Ende der 1980er Jahre 98 Prozent aller Kinder der DDR auch Mitglied der Pionierorganisation.

Panzerstraße im Traditionskabinett, Pionierpark „Ernst Thälmann"

Pionierpalast „Ernst Thälmann" in Berlin

Außerschulische Freizeit

Die Freizeit der Kinder und Jugendlichen, vor allem der Pioniere und FDJler, war durchorganisiert: Arbeitsgemeinschaften und Pioniernachmittage, FDJ-Lehrjahr und Subotniks – im Grunde freiwillige, praktisch jedoch verpflichtende Arbeitseinsätze nach sowjetischem Vorbild – gehörten zum Alltag. In den meisten Bezirken der DDR gab es ein Haus der Jungen Pioniere, eine Station Junger Techniker oder eine Station Junger Touristiker.
Im Jahr 1981 waren 92 000 Mädchen und Jungen ständige Mitglieder in den Arbeitsgemeinschaften der 142 Pionierhäuser, der 192 Stationen Junger Naturforscher und Junger Techniker sowie der 57 Stationen Junger Touristen. Darüber hinaus gestalteten landesweit über 10 000 staatliche Jugendclubs ganzjährig unter Leitung der FDJ eigene Freizeitangebote.
In Dresden öffnete 1952 im Schloss Albrechtsberg – nach sowjetischem Vorbild – der erste Pionierpalast der DDR: ein riesiges Freizeitgelände für Kinder und Jugendliche. Und ab 1977 gab es auch in Berlin in einem eigens dafür gebauten hochmodernen Gebäude einen Pionierpalast: Im Pionierpalast Ernst Thälmann kümmerten sich über 360 Mitarbeiter auf einer Fläche von 13 000 Quadratmetern um die Kinder und Jugendlichen: in rund 300 Arbeitsgemeinschaften, bei Veranstaltungen wie „Sing mit, Pionier!" oder „Hallo Kinder – Seid Erfinder!", in einem Theater, einem Schwimmbad und einem Kosmonautenzentrum

Ferienspiele im Pionierpark in Dresden

mit handsignierter sowjetischen Raumkapsel, Schleudervorrichtung und Flugsimulation. Eine Pioniereisenbahn und die Mitropa Mäxchen Pfiffig, Spielplätze und ein Badesee luden im Außengelände des Pionierpalastes die Besucher ein. Und vor dem Gebäude mit Traditionskabinett und Panzerschulstraße wachte ein echter russischer Panzer T34 …

Feriengestaltung in der DDR

Die Schulkinder in der DDR hatten Ende der 1980er Jahre 96 Ferientage, fast 14 Wochen also, dazu bis zu zehn weitere schulfreie Tage – alle gleichzeitig, republikweit einheitlich festgelegt. Diese beachtliche Menge an unterrichtsfreier Zeit stellte die Familien immer wieder vor eine enorme organisatorische Herausforderung – schließlich war die Mehrzahl der Frauen und Männer in der DDR berufstätig. Wie lies sich eine zuverlässige Betreuung für die Ferienzeit organisieren? In Anbetracht der langen Ferien war es vielen Eltern angenehm, dass

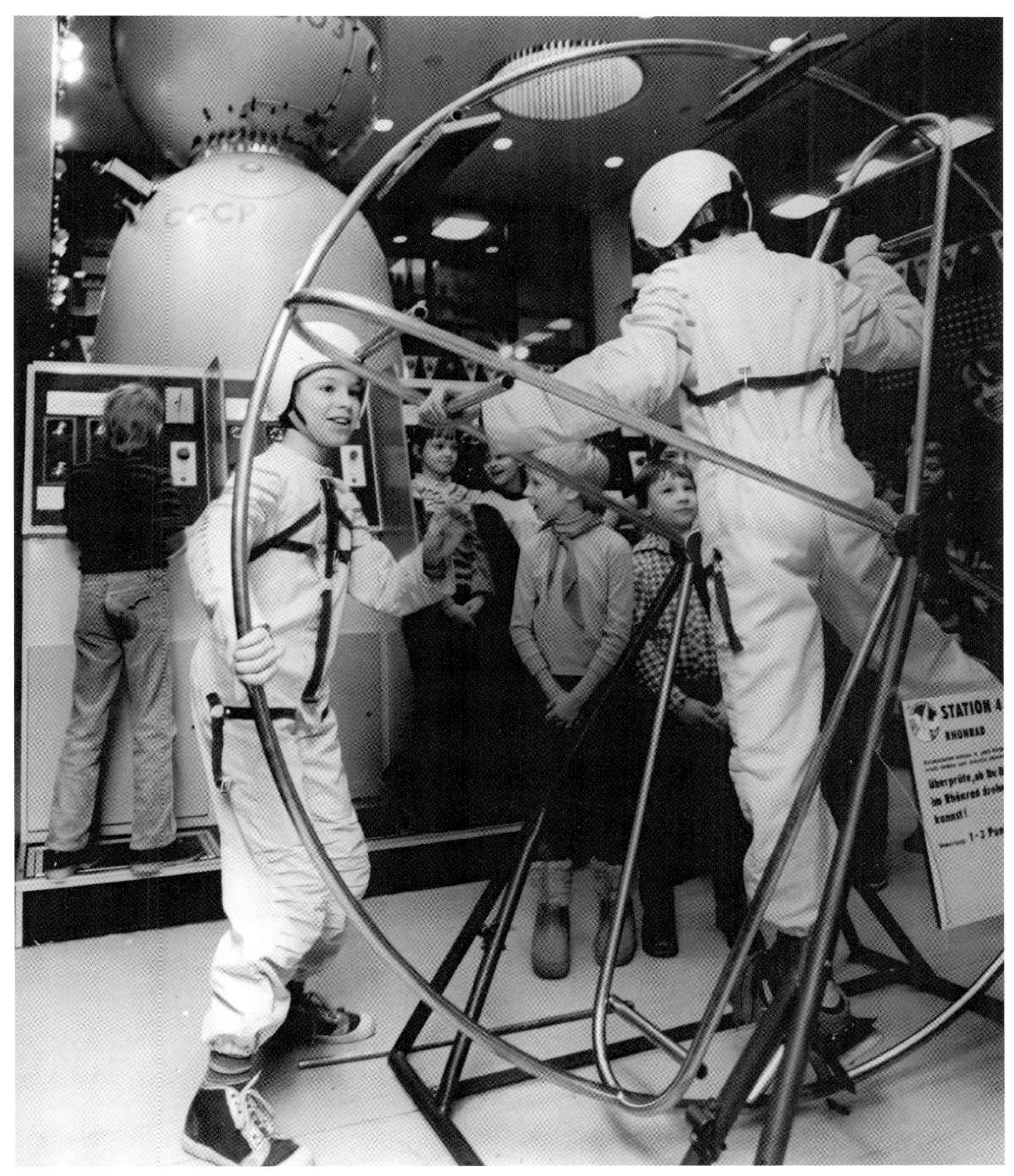

Kosmonautenzentrum im Pionierpalast „Ernst Thälmann" Berlin

auch hier der Staat die Verantwortung übernahm. Er bot den Kindern ein buntes Ferienprogramm. Die Bemühungen seitens der Staatsführung, mit den Ferienspielen eine Möglichkeit zu schaffen, Schulkindern das eigene Land und sein politisches System nahezubringen, waren immens. In der DDR begriff man die Feriengestaltung als festen Bestandteil der Jugend- und Bildungspolitik: „Ein interessantes, abwechslungsreiches Ferienleben, vor allem Spiel und Sport in frischer Luft, trägt zur Erholung, körperlichen Kräftigung und Gesunderhaltung der Mädchen und Jungen bei. Gleichzeitig erweitern sie dadurch ... ihr Klassenbewußtsein."
In den Grundsätzen, Zielen und Aufgaben zur Feriengestaltung formulierte der Staat seinen Anspruch totalitärer Erziehung. Die organisierte Freizeitgestaltung mit Ferienlagern und Ferienspielen bot „günstige Möglichkeiten, um den ganzjährigen Erziehungsprozeß fortzusetzen. Politisch und pädagogisch klug geleitet, leistet die Feriengestaltung einen wertvollen Beitrag ... für ein hohes Niveau der sozialistischen Erziehung."

Örtliche Ferienspiele

Die sogenannten örtlichen Ferienspiele für Schüler und Schülerinnen der Klassenstufen 1 bis 4 wurden durch die Abteilung Außerschulische Erziehung bei der Abteilung Volksbildung geplant, nach den Weisungen der regional in den Bezirken und Kreisen des Landes gebildeten Arbeitsausschüssen unter Leitung einer zentralen Kommission bei der Regierung der DDR. Ferienspiele wurden von den Schulen und den dazugehörigen Schulhorten durchgeführt. Sie fanden in den dreiwöchigen Winterferien ebenso wie in den achtwöchigen Sommerferien auf dem Schul- oder Hortgelände statt und standen den Kindern unabhängig von der Zugehörigkeit zur Pionierorganisation offen.
Der Zuspruch zu den Ferienspielen war über die Jahre hoch, die Teilnehmerquoten sollen in den Städten bei bis zu 90 Prozent der Kinder eines Jahrgangs gelegen haben. Berufstätigen Eltern sollten die Bemühungen des Staates ein Kennzeichen einer sozial gerechten und die Jugend behütenden Schul- und Sozialpolitik der DDR sein. Bei Kosten von einer Mark pro Woche und Kind, darin enthalten ein warmes Mittagessen pro Tag, war es allen Familien möglich, ihre Kinder an der pädagogisch geführten Freizeitgestaltung teilhaben zu lassen.
Für Kinder ab der 5. Klasse wurden die Ferienspiele von den Direktoren der Schulen und den Organen der Volksbildung in Zusammenarbeit mit den Kreisleitungen der FDJ organisiert. Bibliotheken, Sportstätten, Filmtheater, Museen und andere Einrichtungen boten ein vielfältiges Veranstaltungsprogramm, das von den Kindern und Jugendlichen auch individuell besucht werden konnte.

Ferienspiele: Basteln und Malen

Die Ferienspiele wurden wie der übliche Schulalltag in der DDR von Wettbewerben dominiert: Die Ferienzentren luden die Schulkinder zur Teilnahme am Biathlonlauf ein oder zum Fest der jungen Künstler, wo die besten Sänger, Tänzer, Maler ihr Können zeigten. Aber auch politisch-ideologische Veranstaltungen wurden angeboten: Da erfuhren Mädchen und Jungen beim Museumsbesuch etwas über die revolutionären Geschichte ihrer Heimatstadt. Oder das Pionierhaus lud zu einer Gesprächsrunde darüber ein, „was sich … seit dem VIII. Parteitag der SED verändert hat".

Im Jahr 1980 gestalteten in den Sommerferien beispielsweise 86 Ferienzentren in vielen Städten des Bezirkes Potsdam ein großangelegtes Ferienprogramm mit Sportveranstaltungen, Diskotheken, politischen Diskussionsforen, Bastelnachmittagen oder Kochzirkeln. Jeder Ferientag stand unter einem Tagesmotto: „Die Werktätigen sind unsere Vorbilder" hieß es da oder „An der Mütze einen roten Stern".

Auch in anderen Teilen des Landes war die Ferienfreizeit organisiert. 1981 berichtete eine Zeitung über den Bunten Dresdner Ferienplan: „Der Stadtferienausschuß Dresden hat allen Schülern der Elbestadt für die kommenden Winterferien ein reiches Programm zur Auswahl unterbreitet. Der Pionierpalast, die Pionierhäuser, der volkseigene Veranstaltungsbetrieb sowie alle Museen laden ein." Mehrere Nachmittage waren der Geschichte Dresdens gewidmet, denn die Elbestadt beging in diesem Jahr ihr 775. Gründungsjubiläum. So hießt eine Veranstaltung im Pionierpalast „Mit dem Dresdner Löwen auf Entdeckungsreisen im Gebiet der ehemaligen Trümmerbahn". Im Ferientreffpunkt Armeemuseum erfuhren Schülerinnen und Schüler der 1. bis 4. Klasse „Wissenswertes über die sozialistische Waffenbrüderschaft", und für die Mädchen und Jungen der 5. bis 8. Klasse bot das Museum eine Sonderführung zum Thema „Die Waffen des Sieges".

Ob sportliche oder kulturelle Ferienangebote, ob Veranstaltungen zu Wissenschaft oder Gesellschaft: Neben der Erholung diente die organisierte Ferienzeit immer auch der Sozialisation der Kinder als gute Staatsbürger der DDR. Noch 1989 hieß es: „Auch in den Ferienspielen erfüllen die Kinder den Pionierauftrag ‚Meine Liebe, meine Tat meiner Heimat DDR'."

Ferienlager in der DDR

Alljährlich verbrachten viele Millionen Kinder in den sozialistischen Ländern Europas einen Teil ihrer Schulferien in staatlich organisierten Ferienlagern: 1974 waren es erstmals mehr als eine Million Kinder allein in den Ferienlagern auf dem Gebiet der DDR; 1980 nutzten zweieinhalb Millionen Ferienkinder eine Form der organisierten Feriengestaltung. Für die Abteilung Kultur des staatlichen Gewerkschaftsbundes, FDGB, war die Sache klar: „Während viele Arbeiterkinder in den kapitalistischen Ländern ihre Sommerferien auf den Hinterhöfen staubiger Städte verbringen müssen, erholen sich in den sozialistischen Ländern alljährlich viele Millionen Kinder in herrlichen Ferienlagern, die in den schönsten Gegenden dieser Staaten eingerichtet wurden."

Tischtennis im Ferienlager

Formen von Ferienlagern

Schulkinder bis zur 8. Klasse fuhren in Betriebsferienlager oder wurden von ihrer Pioniergrundorganisation in der Schule mit einer Fahrt in ein Zentrales Pionierlager ausgezeichnet. Schülerinnen und Schüler der 9. bis 12. Klasse konnten in einem „Lager für Arbeit und Erholung" ihre Ferien verbringen. Dort arbeiteten sie vier bis sechs Stunden täglich in Betrieben oder landwirtschaftlichen Produktionsgenossenschaften (LPG) und verbrachten die weitere Zeit des Tages mit Exkursionen und den durch die FDJ organisierten Freizeitveranstaltungen.

In sogenannten Spezialistenlagern wurden besonders begabte Kinder und Jugendliche in mehrtägigen Kursen gefördert und gefordert, musizierten junge Musiker und knobelten junge Mathematiker. Junge Sanitäter erhielten medizinische Unterrichtung von Fachärzten. Es gab Lager für Junge Heimatforscher und Junge Techniker und mit einem Blick auf die politische Zuverlässigkeit ausgewählte Mädchen und Jungen wurden als Junge Agitatoren in Rhetorik und im Umgang mit Schriften von Karl Marx und dem wissenschaftlichen Kommunismus oder einer Zeitungsschau zur Politik der SED geschult.

Musizieren unter Spezialisten

Die Welt begreifen lernen im Spezialistenlager

Erfinden, erforschen und entdecken...

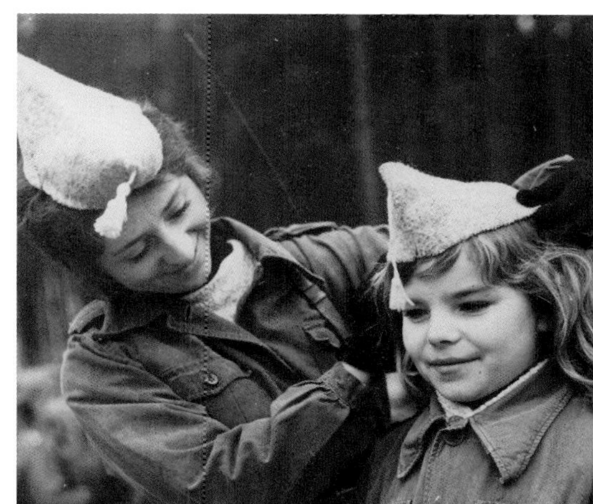

... ausbilden im Spezialistenlager.

Unsre Heimat

Unsere Heimat,
das sind nicht nur die Städte
und Dörfer,
Unsere Heimat
sind auch all die Bäume im Wald.
Unsere Heimat
ist das Gras auf der Wiese,
das Korn auf dem Feld,
Und die Vögel in der Luft
und die Tiere der Erde
Und die Fische im Fluß
sind die Heimat.

Und wir lieben die Heimat,
die schöne
Und wir schützen sie,
weil sie dem Volke gehört,
Weil sie unserem Volke gehört.

Text: Herbert Keller
Melodie: Hans Naumilkat

Junge Archäologen

Lied der jungen Naturforscher

Die Heimat hat sich schön gemacht
und Tau blitzt ihr im Haar.
Die Wellen spiegeln ihre Pracht
wie frohe Augen klar.
Die Wiese blüht, die Tanne rauscht,
sie tun geheimnisvoll.
Frisch das Geheimnis abgelauscht,
das und beglücken soll.

Der Wind streift auch durch Wald und Feld,
er raunt und Grüße zu.
Mit Fisch und Dachs und Vogelwelt
stehn wir auf du und du.
Der Heimat Pflanzen und Getier
behütet unsre Hand,
und reichlich ernten werden wir,
wo heut noch Sumpf und Sand.

Wir brechen in das Dunkel ein,
verfolgen Ruf und Spur.
Und werden wir erst wissend sein,
fügt sich uns die Natur.
Die Blume öffnet sich dem Licht,
der Zukunft unser Herz.
Die Heimat hebt ihr Angesicht
und lächelt sonnenwärts.

Text: Friedel Hart

Melodie: Wolfgang Richter

Junge Touristiker

Betriebsferienlager

Betriebsferienlager waren Ferienlager, die von Volkseigenen Betrieben (VEB), Genossenschaften oder anderen staatlichen Einrichtungen und Organisationen für die Kinder ihrer Mitarbeiter betrieben wurden. Seit Inkrafttreten der 3. Durchführungsbestimmung zum Gesetz zur Förderung der Jugend von 1951 war jeder Betrieb der DDR verpflichtet, „unter Ausnutzung aller Möglichkeiten den Kindern seiner Werktätigen eine erholsame Feriengestaltung in Betriebsferienlagern oder durch andere Formen der Kinderferienerholung zu sichern". Anders als die Zentralen Pionierlager standen Betriebsferienlager allen Kindern offen, unabhängig von ihrem Engagement in der Pionierorganisation und ihren schulischen Leistungen.
Finanziert wurden die Betriebsferienlager vorwiegend aus Mitteln der jeweiligen Trägerbetriebe; teilweise gab es Zuschüsse durch die Einheitsgewerkschaft FDGB und aus dem Staatshaushalt.
Die Betriebsferienlager konnten auch einen internationalen Kinderaustausch organisieren. Im Jahr 1978 beispielsweise berichtete die lokale Presse: „... erlebnisreiche Ferientage für 730 000 Schüler in 3800 Betriebsferienlagern ... in Plau am See. 1300 Mädchen und Jungen aus zwölf Betriebsferienlagern erlebten zusammen mit Gästen aus der Sowjetunion, der VR Polen, der ČSSR und Frankreich ein buntes Programm unter dem Motto ‚Meine Heimat DDR'".

Wandern und Sport im Betriebsferienlager

Postkarte aus dem Kinderferienlager des VEB Secura Berlin

Sommerferientage …

... im Ferienlager

Spielen im Ferienlager

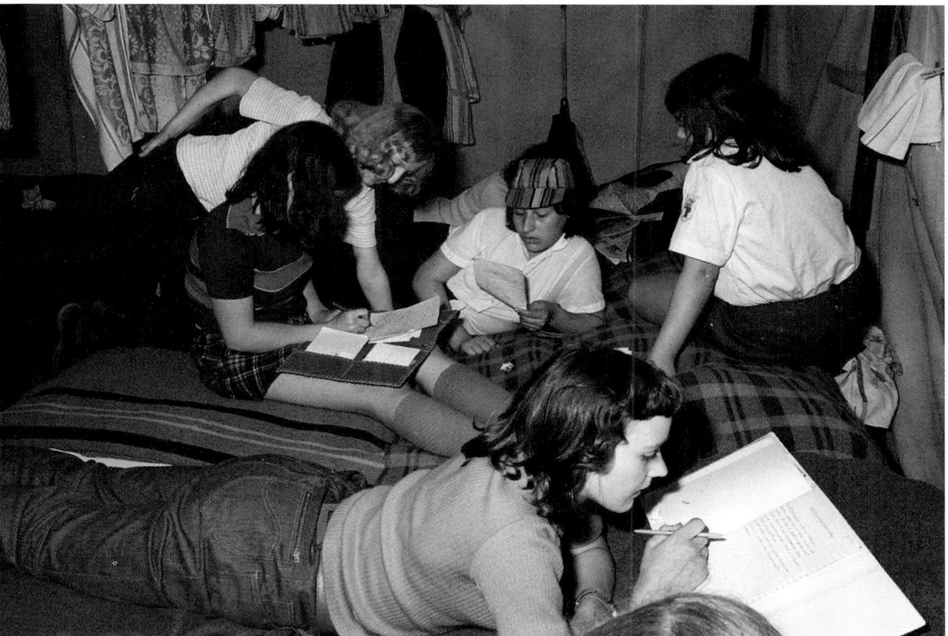

Lageralltag

Zentrale Pionierlager

Die Zentralen Pionierlager der DDR waren Orte zur „Erziehung der Jugend zur Liebe zu ihrem sozialistischen Vaterland, der DDR, zum proletarischen Internationalismus, insbesondere zur unverbrüchlichen Freundschaft mit der Sowjetunion, zur sozialistischen Einstellung zur Arbeit und zum gesellschaftlichen Eigentum, zur Verteidigungsbereitschaft", wie es damals hieß. Von 1951 bis 1990 gab es auf dem Gebiet der DDR insgesamt 51 dieser Lager. Im Jahr 1980 standen Ferienkindern rund 100 000 Plätze in den Zentralen Pionierlagern zur Verfügung; in Betriebsferienlagern waren es im selben Jahr etwa 800 000 Plätze. Die Finanzierung der Zentralen Pionierlager erfolgte aus dem Staatshaushalt, aus Mitteln des FDGB sowie der jeweiligen Trägerbetriebe, die einem Pionierlager zugeordnet waren.
In ein Zentrales Pionierlager wurde man delegiert; es war eine Auszeichnung, ein Privileg, in ein solches Lager fahren zu dürfen. Voraussetzung dafür waren meist gute schulische Leistungen und die aktive Mitarbeit in der Pionierorganisation als Mitglied des Gruppenrates, als Agitator, Wandzeitungsredakteur oder Gruppenratsvorsitzende. Die Ausstattung der Zentralen Pionierlager war häufig moderner oder komfortabler als die der Betriebsferienlager. Es gab teilweise ganzjährig nutzbare feste Bettenhäuser und Sportanlagen, Unterrichtsräume und Spielplätze.

„Fröhlich sein und singen ..."

„... stolz das blaue Halstuch tragen"

Lagerleben unter Pionieren

Meldung beim Fahnenappell

Der Aufenthalt in einem der Zentralen Pionierlager war jedoch nicht nur eine Anerkennung für schon erreichte Leistungen. So zielte der Besuch eines Pionierlagers nicht zuletzt auf die Erziehung der Kinder im Sinne des Sozialismus und darauf, eine politische Funktionärs- und Kaderelite zu rekrutieren sowie auszubilden. Dies geht unter anderem aus einer Anordnung über Zentrale Pionierlager aus dem Jahr 1983 hervor. Und auch die in den Archiven vorhandenen Regelungen zur notwendigen Ausstattung zeigen die ideologische Ausrichtung der Pionierlager: Nicht nur Möbel, Wäsche und Geschirr sind in den Listen festgehalten, sondern auch Gegenstände für die sozialistische Wehrerziehung: Kompasse, Karten, Luftgewehre, Verdunklungseinrichtungen und Schießstände.

Mehr noch als die Betriebsferienlager waren die Pionierlager auch auf ausländische Gäste ausgerichtet. In Internationalen Sommerlagern der Pioniere begrüßte die FDJ ihre Gäste aus dem nichtsozialistischen Ausland ebenso wie aus den Bruderstaaten.

Außerhalb der Ferien wurden die Zentralen Pionierlager zum Beispiel als Schulungslager für Pionierräte und FDJ-Funktionäre zur politisch-erzieherischen Arbeit oder auch für Klassenfahrten der Schulen genutzt oder zu Ausbildungszwecken durch die Zivilverteidigung der DDR und die Gesellschaft für Sport und Technik (GST). So konnten seit 1979 in Pionierlagern jährlich vom 25. Mai bis zum 1. Juli je zwei Durchgänge des Wehrkundeunterrichts für Schüler der 9. Klasse abgehalten werden.

Im Jahr 1990 beschloss die letzte Volkskammer der DDR die allgemeine Überleitung der Zentralen Pionierlager in die Anlagevermögen der Trägerbetriebe durch die damals neu gegründete Treuhandanstalt zur Privatisierung des volkseigenen Vermögens.

Friedenstauben

Alltag im Pionierlager

Gespräche …

... und Versammlungen im Pionierlager

Sozialistische Erziehung im Ferienlager

Die Ferienlager in der DDR waren eingegliedert in das System der Staatspädagogik, die die Identifikation der Menschen mit den Zielen von Staat und Partei anstrebte. Ferienlager waren ein zentrales außerschulisches Arbeitsfeld der Pionierorganisation. Alles, was im Ferienlager passierte, sollte der Erziehung der Kinder zu einer sozialistischen Persönlichkeit dienen. So stand es in den Vorgaben für die ausrichtenden Betriebe und für die Lagerleitungen. Das Sekretariat des Zentralrates der FDJ legte in Abstimmung mit dem Sekretariat des ZK der SED die Richtlinien zur Erziehungsarbeit im Lager fest. Ein Rahmenplan regelte Sportarbeit und Arbeitsgemeinschaften, Gruppen und Zirkelarbeit und Buchbesprechungen.

Obgleich in den Betriebsferienlagern auch Mädchen und Jungen ihre Ferien verbrachten, die weder der Pionierorganisation noch der FDJ angehörten, sollten auch hier die Symbole, die Rhetorik und die Leitbilder der Pionierorganisation Ernst Thälmann präsent sein: „Wir vertreten daher die Ansicht, daß unsere Betriebsferienlager nach und nach das Niveau guter Pionier- bzw. FDJ-Ferienlager erreichen sollen", hieß es.

Geregelt war auch der Umgang mit allen Eventualitäten im Alltag der Jugendlichen. Liebesbeziehungen, die sich unter den älteren Ferienkindern bilden könnten, wurden einer staatlichen Beobachtung unterzogen: „Es gibt viele ehrliche und ungetrübte Freundschaften zwischen Jungen und Mädchen", hieß es in einer Anleitung für die Gestaltung der Betriebsferienlagern. „Sich dabei einzumischen bedeutet, Gefühle zu verletzen und die gute Absicht ins Gegenteil zu verkehren..." Daher „ist es auch wichtig, sie hin und wieder auf ein hohes sittliches Niveau bei der Gestaltung der zwischenmenschlichen Beziehungen zu verweisen."

Ob und in welchem Maße die Vorgaben zur Erziehungspolitik tatsächlich umgesetzt wurden, war von Ferienlager zu Ferienlager sehr unterschiedlich. Dies bezeugen Dokumente der staatlichen Behörden, die über die Mängel bei der politischen Gestaltung des Lageralltags berichten. Der staatliche Einfluss auf die Organisation in den Pionierlagern war sehr hoch, während er sich in den Betriebsferienlagern eher auf allgemeine Vorgaben und Kontrollen beschränkte und der jeweiligen Lagerleitung und dem jeweiligen Betreuerpersonal einiges an Gestaltungsmöglichkeiten ließen. Zudem wandelte sich der Grad der staatlich intendierten Indoktrination im Verlauf der Jahre. Ab Ende der 1970er Jahre, vor allem in den 1980er Jahren schwächte er sich ab, so dass der jüngeren DDR-Generation die Betriebsferienlager vor allem mit unpolitischen Aktivitäten in Erinnerung geblieben sind, manchmal frei vom ideologischen Hintergrund, von Fahnenappell, Halstuch und Pionierlied.

Auf zum Sozialismus (Fröhlich Sein und Singen)

Fröhlich sein und singen,
Stolz das blaue Halstuch tragen,
Andern Freude bringen,
Ja, das lieben wir.
Hallo, hört ihr die Fanfaren,
Hört ihr unsre Lieder?
Das sind wir!
Fröhlich sein und singen,
Ja, das lieben wir!

Unser Flammenzeichen
Führt voran auf steilen Wegen.
Thälmann wolln wir gleichen,
Das geloben wir!
Hallo, hebt die Fahnen höher,
Denn die helle Zukunft,
Das sind wir!
Thälmann wolln wir gleichen,
Das geloben wir!

Auf dem Wege weiter,
Den uns die Partei gewiesen!
Vorwärts, junge Streiter,
Vorwärts, Pionier!
Hallo, auf zu guten Taten,
Denn den Sozialismus
Bauen wir!
Vorwärts, junge Streiter,
Vorwärts, Pionier!

Text: Ilse und Hans Naumilkat
Melodie: Hans Naumilkat

… hört die Signale

... hört die Signale

„Wir lachen mit der Sonne um die Wette …"

„... und so fröhlich wie ein Vogel singen wir"

Ferienlager als Schaufenster des Sozialismus

Das System der organisierten Freizeit- und Ferienbetreuung sollte ein Aushängeschild der DDR, ein Schaufenster des Sozialismus sein und Menschen weit über die Grenzen des Landes hinaus beeindrucken. Kinder- und Jugendgruppen aus dem sozialistischen Ausland, aus der VR Polen, der UdSSR und aus der ČSSR verbrachten ihre Ferien in der DDR, wie auch jährlich viele Kinder aus der DDR in Ferienlager in die damalige VR Polen oder in die ČSSR reisen konnten.

Darüber hinaus kamen auch aus dem nichtsozialistischen Ausland jährlich Tausende Kinder und Jugendliche in die DDR-Ferienlager – über die Zusammenarbeit der DDR-Behörden mit ausländischen Gewerkschaftsverbänden, sozialdemokratischen und sozialistischen Parteien vor allem Westeuropas, aber auch Lateinamerikas, Afrikas und Asiens. Sie wurden vor allem in die Zentralen Pionierlager eingeladen.

Am 6. Mai 1954 veröffentlichten Tageszeitungen der DDR einen Aufruf und luden die Kinder der Bundesrepublik zu Ferienaufenthalten in Betriebs- und Pionierlager zwischen Rügen und Thüringer Wald ein. In Düsseldorf wurde daraufhin die Zentrale Arbeitsgemeinschaft (ZAG) – „Frohe Ferien für alle Kinder" gegründet. Die ersten Sonderzüge fuhren in den Ferien 1955 von West- nach Ostdeutschland. Im ersten Jahr reisten 30 000 Kinder aus der Bundesrepublik in die DDR, im zweiten Jahr waren es 55 000.

Die DDR lies sich ihren Propagandaerfolg einiges kosten. So plante das Amt für Jugendfragen im Jahr 1957 allein 1,6 Millionen DM für den Transport und die Unterbringung der westdeutschen Kinder.

Die Reaktion des „Klassenfeindes" blieb nicht aus: „Rotes Gift für Kinder" titelte die bundesdeutsche Presse. Eine „starke Wirkung im Sinne der Aufweichung der Haltung der Bevölkerung gegenüber dem Kommunismus" befürchtete das Gesamtdeutsche Ministerium in Bonn. Die „Aktion sei wahrscheinlich die wirkungsvollste Aktion der kommunistischen Stellen in der Bundesrepublik". Am 7. Juli 1961 wurde die ZAG in Westdeutschland nach Artikel 9, Absatz 2 des Grundgesetzes verboten: Sie galt in der Bundesrepublik von nun an als Vereinigung, „deren Zwecke oder deren Tätigkeit den Strafgesetzen zuwiderlaufen oder die sich gegen die verfassungsmäßige Ordnung oder gegen den Gedanken der Völkerverständigung richten". In der Folge kamen einige der westdeutschen Organisatoren der ZAG vor Gericht. Manche erhielten mehrmonatige Bewährungsstrafen, andere mussten sogar in Haft wegen „staatsgefährdenden Nachrichtendienstes" und der „Förderung einer verfassungsfeindlichen Organisation".

… eine Lagererinnerung

Gesetzliche Grundlage und zentrale Planung

Gesetzliche Grundlagen für die Gestaltung der Ferienlager in der DDR waren das Gesetz zur Förderung der Jugend von 1950 sowie die Verordnung über die Nutzung betrieblicher Erholungseinrichtungen von 1979. Und im Arbeitsgesetzbuch hieß es dazu: „Der Betrieb ist verpflichtet, unter Ausnutzung aller Möglichkeiten den Kindern seiner Werktätigen eine erholsame Feriengestaltung in Betriebsferienlagern oder durch andere Formen der Kinderferienerholung zu sichern."

„Es wollen zwei auf Reisen gehen ..."

Reisen ins Ferienlager

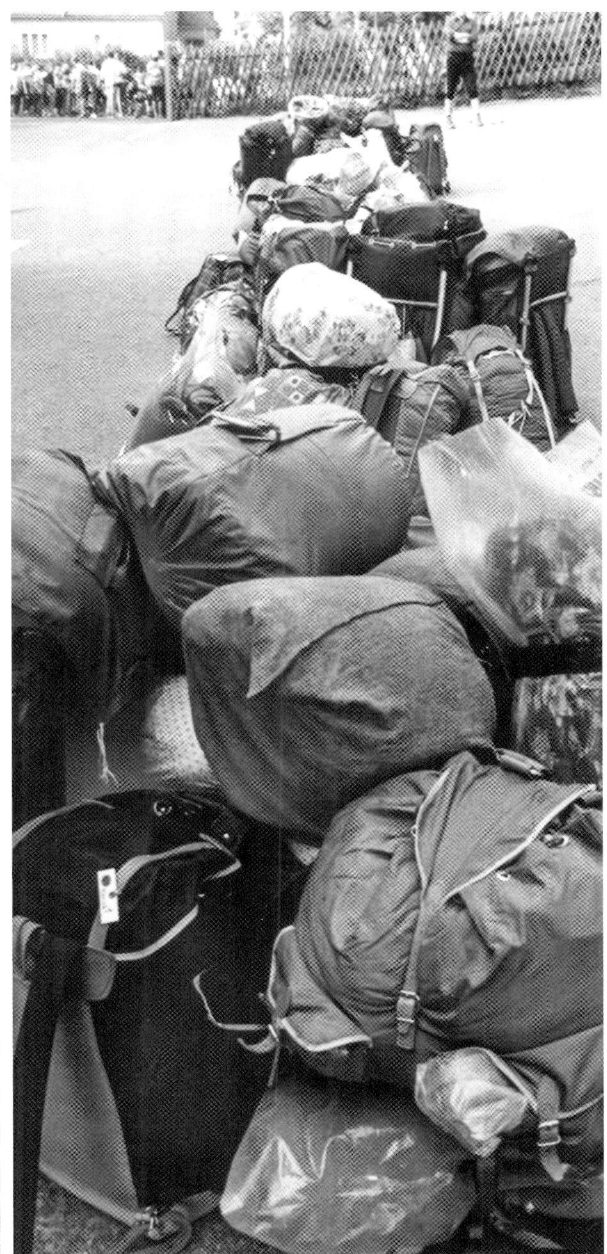

Ferienlagergepäck

Die Ferienlager unterstanden seit Mitte der 1950er Jahre der zentralen Anleitung und Kontrolle einer staatlichen Kommission, dem Zentralen Ferienausschuss sowie den nachgeordneten Ferienausschüssen der Bezirke, Kreise, Städte und Gemeinden. Diese Ferienausschüsse bestanden aus Mitgliedern der FDJ, des FDGB, der Gewerkschaft der Lehrer und Erzieher, dem Demokratischen Frauenbund, dem Deutschen Sportausschuss des DDR, der Volkssolidarität, verschiedenen Ministerien (Volksbildung, Handel und Versorgung, Inneres, Gesundheitswesen, Finanzen) sowie dem Staatssekretariat für Materialversorgung und waren beim Stellvertretenden Ministerpräsidenten der DDR angesiedelt.
Jedes Jahr wurden vom Zentralen Ferienausschuss im Ergebnis der sogenannten Ferienkonferenzen die „Verordnungen für die Durchführung der Zentralen Pionierlager und der Betriebsferienlager" herausgegeben und durch den Bundesvorstand des FDGB an die lokalen Abteilungen in den Bezirken und an die Betriebe weitergegeben. Deren Aufgabe war es dann, auf der Basis der Vorgaben die Ferienlager im Detail zu planen und Entwürfe für die Ferienlagergestaltung zu erstellen.

Organisation

In den achtwöchigen Sommerferien gab es pro Ferienlager zwei bis drei Durchgänge, die jeweils zwei bis drei Wochen dauerten. Die Belegungsgrößen der einzelnen Lager reichten bis zu mehreren Hundert Kindern pro Durchgang. Im Jahr 1980 wurden acht von zehn Kindern und Jugendlichen unter den sechs- bis 14-jährigen mindestens einmal im Jahr in einem Ferienlager betreut. Das war rund eine Million jugendliche Besucher. Um dies bewältigen zu können, wurde ein enormer planerischer, finanzieller und logistischer Aufwand betrieben: „Der Ferienbeginn stellte an die Eisenbahner der Deutschen Reichsbahn besondere Anforderungen. 53 Sonderzüge brachten allein am Montag etwa 53 000 Kinder und Jugendliche aus allen Teilen der Republik in die Erholungsorte. Vom Bahnhof Berlin-Lichtenberg reisten beispielsweise 460 Mädchen und Jungen mit einem Sonderzug in den Bezirk Schwerin und an die Ostseeküste. Zu diesen Reisegruppen gehörten Kinder von Werktätigen aus acht Betrieben der Hauptstadt und Schülerkollektive aus elf Berliner Schulen. Insgesamt fuhren am Montag von Berliner Bahnhöfen 15 Sonderzüge mit 12 000 jungen Reisenden ab."
Doch nicht nur die An- und Abreise der Kinder und Jugendlichen wurde logistisch bis ins Detail geplant. Ob Kartoffelverbrauch, der Umgang mit potenziellen Massenerkrankungen oder die Kommunikation mit den Eltern: Im Ferienlager blieb nichts dem Zufall überlassen.

Kosten und Finanzierung

Ab 1953 befanden sich alle Betriebsferien- und Pionierlager in der Trägerschaft volkseigener Betriebe und Kombinate. Diese hatten aus ihren ökonomischen und personellen Mitteln die Lager aufzubauen und zu unterhalten. Das brandenburgische Eisenhüttenkombinat Ost (EKO) etwa zahlte im Jahr 1987 für die Ferienlagerbetreuung über 1,3 Millionen Mark der DDR und war damit einer der größten Trägerbetriebe und Mittelgeber für die Kinder- und Pionierferienlager in der DDR.
Klein- und Mittelbetriebe verfügten häufig nicht über die entsprechenden Möglichkeiten, eigene Ferienlager einzurichten. Für die Kinder der Mitarbeiter dieser Betriebe wurden darum zentral für einen bestimmten Wirtschaftssektor gebaute Ferienlager bereitgestellt oder Kontingente in den Ferienlagern anderer Großbetriebe reserviert.

„Guten Appetit" im Ferienlager

Die Familien der Betriebsangehörigen kostete ein Durchgang im Betriebsferienlager für ein Kind zwölf Mark – Essen und Unterkunft eingeschlossen. Geschwisterkinder konnten unter Umständen sogar kostenfrei mitreisen. In der Zeitung stand zu lesen: „Wir Eltern bezahlen für das Ferienvergnügen eine verschwindend geringe Summe – zwölf Mark pro Schüler und Durchgang. Das sei nur ein geringer Anteil an den tatsächlichen Kosten. Der Schichtarbeiter aus der Energiezentrale des Dimitroff-Werkes ist Vater von vier Kindern … Die drei Jüngeren sind auch 1986 im Kinderferienlager avisiert. Danach fährt die ganze Familie, inklusive des Ältesten, der im September eine Lehre … beginnt, in einen Betriebsbungalow nach Plötzky bei Magdeburg – ebenfalls für ein geringes Entgelt. ‚Auch darin drückt sich die Fürsorge unserer sozialistischen Gesellschaft für die Familie und die heranwachsende Generation aus', erklärte der Facharbeiter." Und der „BGL-Vorsitzende … der sich mit Parteisekretär … und einem Vertreter der staatlichen Leitung des Schwermaschinenbaubetriebes im Ferienlager bei Kindern und Betreuern nach dem Befinden erkundigte, hat eine Ziffer parat: Rund 133 000 Mark stehen 1988 laut Beschluß … aus dem Kultur- und Sozialfonds für die Kinderferienbetreuung bereit. Dazu kommen Zehntausende Mark für Instandhaltungsarbeiten, für die Anschaffung von Spiel- und Sportgeräten."

Ausstattung

Die ersten Ferienlager waren Zeltlager. In Wäldern und an Seen wurden die Zelte aufgeschlagen und provisorisch Zäune gezogen. Nach und nach entstanden aus den Zeltplätzen kleine Feriensiedlungen mit festen Gebäuden für die Verwaltung und Bungalows für die Ferienkinder.
Die materiellen Rahmenbedingungen für Ferienlager waren auch durch staatliche Vorgaben geregelt, von der Anzahl der bereitzustellenden Steppdecken über die notwendige Anzahl der Stühle in der Ferienlagerbibliothek bis zu den Wandkarten und Tischen im Bereich Wehrerziehung – oder den Luftgewehren im Bereich Touristik. Für Zentrale Pionierlager waren zum Beispiel bei der Ausstattung vorgesehen: ein Kleider-Wäscheschrank im Schlafraum der Pioniere, ein Diaprojektor für Bildvorführungen und ein Stereo-Plattenspieler, außerdem ein Kipptrommelmischer und ein Transporter (Multicar) sowie 100 Zeltplanen und 10 Luftgewehre …

Personal und Leitung

Auch der organisatorische Aufbau der Lager war zentral vorgegeben: An der Spitze stand die hauptamtliche Lagerleitung, zu deren Aufgabe neben der Verwaltung des Lagers die Organisation der politisch-erzieherischen Arbeit gehörte. Dazu kamen ein Lagerarzt oder eine Lagerärztin, Küchenhilfskräfte sowie zahlreiche Ferienhelfer, meist Studierende oder Eltern teilnehmender Kinder. Studierende der Institute für Lehrerbildung der DDR absolvierten ein Praktikum im Ferienlager und Schülerinnen und Schüler der Erweiterten Oberschulen übernahmen die Gruppenleitung.

Das Personal für die Betriebsferienlager wurde weitgehend von den für das jeweilige Lager zuständigen Betrieben gestellt. Einige Eltern nutzten die Gelegenheit, als Betreuer mitzufahren, und profitierten neben der gemeinsamen Zeit mit ihren Kindern auch vom staatlich genehmigten Sonderurlaub.

Sowohl die staatlich ausgebildeten Pionierleiter und Pionierleiterinnen, Lehrerinnen und Lehrer wie auch die Arbeiter und Arbeiterinnen aus den Trägerbetrieben wurden in Lehrgängen für die Aufgaben in der Gruppen- oder Arbeitsgemeinschaftsleitung in den Ferienlagern geschult. Kurse für die Leitung der Betriebsferienlager organisierten die Bezirksvorstände des FDGB. Diese wurden in mehrtägigen Seminaren während der zentralen Winterferien im Februar durchgeführt.

Pädagogen: Austausch und Gespräch

... alles zum Wohle der Kinder

Nahezu 300 0000 Pädagoginnen und Pädagogen der DDR-Volksbildung waren zeitweilig in Ferienlagern und bei der organisierten Feriengestaltung tätig. Im Jahr 1974 fuhren 110 000 Thälmannpioniere in die zentralen Pionierlager, 620 000 Kinder reisten in Betriebsferienlager. Für 160 000 Mädchen und Jungen standen Plätze in Schwimmlagern bereit, 50 000 Junge Naturforscher, Techniker, Sportler wurden in den Spezialistenlagern erwartet. Als Lagerleiter, Gruppen- und Fahrtenleiter, als Interessengemeinschaftsleiter, als medizinisches und Wirtschaftspersonal sicherten in diesem Jahr 250 000 Ferienhelfer den Kindern und Jugendlichen erholsame Ferien. Für 6000 künftige Pädagogen war dieser Einsatz nach Abschluss des ersten Studienjahres wichtiger Bestandteil der Ausbildung.
Die Pionier- und Ferienlager waren auch innerhalb der Kindergruppen hierarchisch aufgebaut: Zu Beginn eines Ferienlagerdurchgangs wurden die Pioniere angehalten, einen Freundschaftsrat aus 7-15 der besten Jungen Pioniere zu wählen. Der Freundschaftsrat war Ansprechpartner für die Ferienlagerkinder und sollte ihre Interessen gegenüber der Lagerleitung vertreten. Eine ähnliche Organisationsstruktur gab es in den einzelnen Gruppen. Ein Gruppenrat sollte gebildet und daraus ein Vorsitzender oder eine Vorsitzende gewählt werden. Agitatoren berichteten über die politische Lage. Für die Lagerwache eingeteilte Kinder dokumentierten alle Personen, die das Lager betraten oder verließen. Ein „Diensthabender der Gruppe" half den Erziehern, den Tagesablauf zu organisieren.
Disziplin, Ordnung und die Erfahrung der Gemeinschaft spielten in den Ferienlagern genauso wie im DDR-Alltag immer und überall eine wichtige Rolle, einerseits, weil die große Anzahl der an den Ferienlagern teilnehmenden Kinder sonst kaum zu beherrschen war, andererseits aber auch, weil in der DDR Disziplin nicht Mittel zum Zweck, sondern selbst ein wichtiges Erziehungsziel war und dieses Ziel nur durch ein festes Kollektiv der Kinder erreicht werden konnte. In einer Direktive hieß es: „Die Gruppe ist im Betriebsferienlager kein ‚wilder Haufen', sondern wirkliches, vielseitiges, quirlendes Leben, in dem jedes Mitglied des Kollektivs seinen festen Platz und eine verpflichtende Aufgabe hat, die möglichst viel Selbsttätigkeit verlangt."
Im Allgemeinen waren Kontakte zur Familie während der Lagerzeit nur über Briefe und Postkarten gestattet; Telefongespräche oder Besuche waren während des Aufenthalts der Kinder in den Ferien- und Pionierlagern unerwünscht.
Die militärisch anmutende Organisation, allgegenwärtige Disziplinvorgaben und die begrenzten Freiräume verweisen auf den erzieherischen Charakter der Ferienlager, in denen das politische Weltbild vermittelt werden sollte und das Kollektiv über dem Einzelnen stand. „Dabei wird es ab und zu auch Widersprüche zwischen den gemeinsamen Zielen und Aufgaben des Kollektivs und den persönlichen Ansichten einzelner Ferienteilnehmer geben", wie man wusste. Andererseits erforderte der Umgang mit sehr großen Kindergruppen neben der

Personal im Ferienlager

guten Organisation eben auch das Einhalten von Regeln. Die Weitergabe von Verantwortung an die Kinder – vom Tischdienst bis zur Lagerwache – sollte als Aufgabe und Pflicht, aber auch als ein Vertrauensbeweis angesehen werden – und entlastete gleichzeitig die Lagerleitung.

Tagesablauf und Freizeitgestaltung

„Wo Langeweile, Untätigkeit und Trägheit den Ferientag bestimmen, sind Unordnung, Disziplinlosigkeit und Frechheiten nicht weit entfernt", hieß es im Handbuch „Unser Betriebsferienlager". „Erholung und sozialistische Erziehung schließen dabei einander nicht aus", wurde weiterhin ausgeführt. Der Tagesablauf und die Gestaltung der Ferienlager war darum detailreich geregelt. Sie sollten sich im Betriebsferienlager im Wesentlichen nicht von den Vorgaben für Zentrale Pionierlager unterscheiden.
Die Betreuungskräfte im Betriebs- und Pionierlagern hatten die Aufgabe, mit den Kindern das Leben im Kollektiv zu trainieren, sie zu erziehen und zu bilden. Die angebotenen Aktivitäten waren mannigfaltig: Neben politisch idiologischer Arbeit und gesellschaftlich nützlicher Tätigkeit gab es auch Sport, künstlerische Angebote, naturwissenschaftlich-technische Kurse, aber auch wehrsportähnliche Aktivitäten wie Geländespiele, die oft Manöver genannt wurden.
In einem Rahmenplan wurde genau festgelegt, welchen Aktivitäten im Ferienlager welcher Zeitrahmen eingeräumt werden sollte. In den Verordnungen, die gleichermaßen für die Gestaltung von Pionierlagern und von Betriebsferienlagern galten, ist zu lesen:

- Sport: neun Stunden pro Lagerbelegung plus 18 Stunden Baden und Sonnenbaden. Frei aufteilbar durch die Sportleitung
- Arbeitsgemeinschaften: vier Stunden wöchentlich zu Themen, die vom Zentralrat vorgegeben werden
- Veranstaltungen: insgesamt zwölf Stunden inklusive Eröffnungsveranstaltung, Filmvorführung, Lagerfeuer, Freundschaftsratswahl und mehr
- Gruppen- und Zirkelarbeit: 84 Stunden insgesamt.

Die Tage sollten in den Pionier-, aber auch in den Betriebsferienlagern mit Frühsport und dem Morgenappell mit Flaggenhissen beginnen. Fahnenappell und Politinformation gehörten ebenso zum Lageralltag. Denn „die Ferien dienen der kommunistischen Erziehung. In der täglichen Arbeit im Ferienlager geht es vor allem darum, sinnvolle Tätigkeiten mit allen Mädchen und Jungen... zu organisieren."

Spiel und Sport ...

Ein typischer Tag im Ferienlager:

6:00	Wecken der Gruppenleitung und Hilfspersonal
6:45	Wecken der Kinder
6:50	Lockerungsübungen (Frühsport)
7:00	Waschen, Zähneputzen, Bettenmachen
7:30	Frühstuck
8:00	Gruppentätigkeit und Freizeit
11:45	Vorbereitung auf das Mittagessen
12:00	Mittagessen und Mittagsruhe
14:30	Kaffeezeit
15:00	Gruppentätigkeit und Freizeit
17:45	Vorbereitung zum Abendessen
18:00	Abendessen
18:30	Abendgestaltung, Gruppentätigkeit, Freizeit
20:00	Vorbereiten zur Nachtruhe
20:45	Lagerruhe (in die Betten)
21:30	absolute Ruhe (Gespräche sollten enden)

Tagesplan!
HAUS
Wecken Leiter 6^{00} Uhr
6^{30} Wecken der Gruppenleiter
und um 7^{00} Uhr Wecken der Kinder
danach Frühsport + Waschen +
8^{15} Frühstück
dann 8^{45} bis 11^{30} Wandern oder Baden - lt. Plan
Mittagessen 12^{00} bis 14^{00}
14^{15}
MITTAGSRUHE
Ab 14^{30} Beschäftigung nach Plan Sport Spiel
18^{00} Abendessen
18^{30} - 20^{00} Zirkeltätigkeit
oder Disko
von 20^{00} bis 21^{00}
Ab 21^{00} Uhr Nacht-Ruhe!

... nach Plan

Fast immer standen während eines Durchgangs für alle Ferienlagerteilnehmer ein Nachmittag mit Werktätigen und die Besichtigung eines Betriebes auf dem Programm, auch der Besuch nationaler Mahn- und Gedenkstätten der DDR oder von Einheiten der Nationalen Volksarmee (NVA).

Trotz der detailreichen Vorgaben hatten Lagerleitung und Betreuer einige Möglichkeiten, den Alltag in den Ferienlagern nach ihren Vorstellungen zu gestalten. Je nach Zeit, Ort und Verantwortlichen nahm die politische Indoktrination mal mehr, mal weniger Raum ein. Bei allzu unpolitischer Ausrichtung der Freizeitgestaltung der Kinder riskierte die Lagerleitung allerdings heftige Kritik und Rügen durch die Parteileitung der jeweiligen Betriebe oder die staatlichen Kontrollorgane.

Neptunfest …

... und Badespass

Die historischen Dokumente der Archive berichten nicht nur von den Erfolgen der staatlich organisierten Ferienfreizeit, sondern auch über Missstände: „Routine, Gelassenheit, und zum Teil sogar Leichtfertigkeit sind bei den langjährigen Lagerleitern nicht selten anzutreffen. Es besteht gröbliche Unkenntnis über die Leitungswege der Feriengestaltung sowie über die Rolle der gesellschaftlichen Träger (außer FDGB)." Im Bezirk Cottbus beispielsweise konzentrierte sich im Jahr 1969 „der Bezirksvorstand des FDGB ... besonders darauf, durch die Betriebsferienlager stärker auf die sozialistische Erziehung in den Familien Einfluss zu nehmen." Denn es wurde festgestellt, „daß die musische Erziehung in vielen Lagern noch nicht den Anforderungen genügt. So wird insgesamt in den Ferienlagern zu wenig gesungen und musiziert." Außerdem sei „die pädagogische Propaganda in den Betrieben ... wesentlich breiter und wirkungsvoller zu gestalten".

Bei allem staatlichen Erziehungsauftrag, den auch die Betriebsferienlager in der DDR zu erfüllen hatten, war doch für viele Teilnehmer ihre Ferienlagerzeit in der Erinnerung vor allem mit viel Ferienfreude verbunden. Den meisten Kindern in Erinnerung geblieben sind nicht allein Veteranentreffen, Fahnenappell und Manöverübung, sondern Neptunfest, Lagerfeuerabend und Nachtwanderung.

Freuden am Wasser

„ ... und wir schützen die Heimat"

„... weil sie dem Volke gehört"

Militär und Waffen im Pionierlager

Ferienlagerpost, Fußballspiel und FRÖSI - Ferienlageralltag

Ferienlager in Brandenburg

Im Jahr 1952 wurden auf dem Gebiet der DDR neue Verwaltungseinheiten geschaffen: Das einstige Land Brandenburg ging in den Bezirken Cottbus, Frankfurt/Oder und Potsdam auf. Zur Einrichtung von Ferienlagern wurden auch die Betriebe der drei brandenburgischen Bezirke verpflichtet.

Sommerfest im Ferienlager

Betriebsferienlager in Brandenburg

Im heutigen Land Brandenburg waren bereits 1952 an „den Seen und auf den waldreichen Hügeln der Mark Brandenburg ... über 300 Betriebsferienlager eröffnet worden. Eines der schönsten ist das Lager im Schlaubetal bei Frankfurt/Oder. Nach dem Vorbild der sowjetischen Pionierrepublik Artek ist das Kinderferienlager am Werbellinsee gebaut worden. Deutsche und rumänische Pioniere verleben hier gemeinsam frohe Ferienwochen."
Anfang der 1980er Jahre gab es in den drei brandenburgischen Bezirken über 810 Betriebsferienlager. Im Bezirk Cottbus konnten 1974 insgesamt 35 000 Plätze in 250 Betriebsferienlagern angeboten werden. Die Bezirksverwaltung Frankfurt/Oder gab im gleichen Jahr 213 Betriebserienlager mit Plätzen für 17 800 Schüler und Schülerinnen in der staatlichen Statistik an. Dazu kamen zehn Schwimmlager und 22 Spezialistenlager, die zusammen mit den Ferienlagern von insgesamt 7117 Kadern – Funktionären, Lehrern und Erziehern – betreut wurden. Der Bezirk Potsdam vermeldete zu dieser Zeit 362 Betriebsferienlager mit 66 967 Ferienlagerplätzen, 20 Schwimmlagern und 20 Spezialistenlagern.
Unter den Betrieben der DDR gehörte das Eisenhüttenkombinat Ost (EKO) zu den größten Trägerbetrieben von Kinder- und Pionierferienlagern in der DDR. Mit der „Direktive zur Durchführung der Aktion ‚Frohe Ferientage für alle Kinder'" im Jahr 1954 wurde das EKO für die wirtschaftliche Ausstattung des Zentralen Pionierlagers „Feliks Dzierzynski" in Bad Saarow verantwortlich. Im Pionierlager am Scharmützelsee konnten bis 1990 jährlich in jedem Durchgang 1000 Kinder aufgenommen werden. Darüber hinaus unterhielt das Eisenhüttenkombinat ein eigenes Betriebsferienlager in Lauterbach auf der Insel Rügen.
In die Betriebsferienlager reisten neben Kindern aus der DDR auch Gruppen aus dem kapitalistischen und dem sozialistischen Ausland, beispielsweise kamen im Jahr 1969 in die Ferienlager des Bezirkes im Bezirk Cottbus „349 Kinder aus Polen, Ungarn, 50 aus Frankreich, 35 aus Westdeutschland, 11 aus der UdSSR", wie in den statistischen Auswertungen der Ferienlagerkommission zu lesen ist.
Über die Sorgen der Verwaltung in Brandenburger Ferienlagern berichten die staatlichen Akten: Im Ferienlager des Braunkohlekraftwerk (BKW) „Frieden" gab es große Schwierigkeiten mit westdeutschen Helfern aus Worms: Die nämlich ließen sich Strümpfe, Kaffee und Kakao ins Lager schicken, aber nicht für den Eigenbedarf, sondern um die Waren zu verkaufen. Über das Betriebsferienlager der Handelsorganisation (HO) Kreisbetriebe Luckau ist im Jahr 1960 zu lesen, dass es für die Aufgaben sehr schlecht vorbereitet war. Es habe zu wenig und unerfahrenes Personal gegeben. Außerdem sei die Zufahrt zum Lager so schlecht

gewesen, dass der Lagerleiter gemeinsam mit drei Jungen die Lebensmittel täglich eine Stunde ins Lager habe tragen müssen, unter anderem 20 Liter Milch am Tag.
Aus dem Bezirk Frankfurt/Oder erfahren wir unter anderem, dass für die Feriengestaltung im Jahr 1974 vom FDGB 187 Lagerleiter geschult wurden und dass im darauffolgenden Jahr 1975 insgesamt 7500 Kinder in Betriebsferienlager des Bezirkes Potsdam fuhren, wobei die Belegungskapazität mit 20 bis 300 Teilnehmer pro Lager und Durchgang angegeben wurde.

Betriebsferienlager

Zentrale Pionierlager in Brandenburg

Im heutigen Brandenburg gab es die Pionierrepublik „Wilhelm Pieck“ und zwölf Zentrale Pionierlager. Sie trugen ikonografisch die Namen von deutschen und internationalen Funktionären der Kommunistischen Parteien aus aller Welt. Auch der Militärerholungsdienst organisierte Pionierlager.

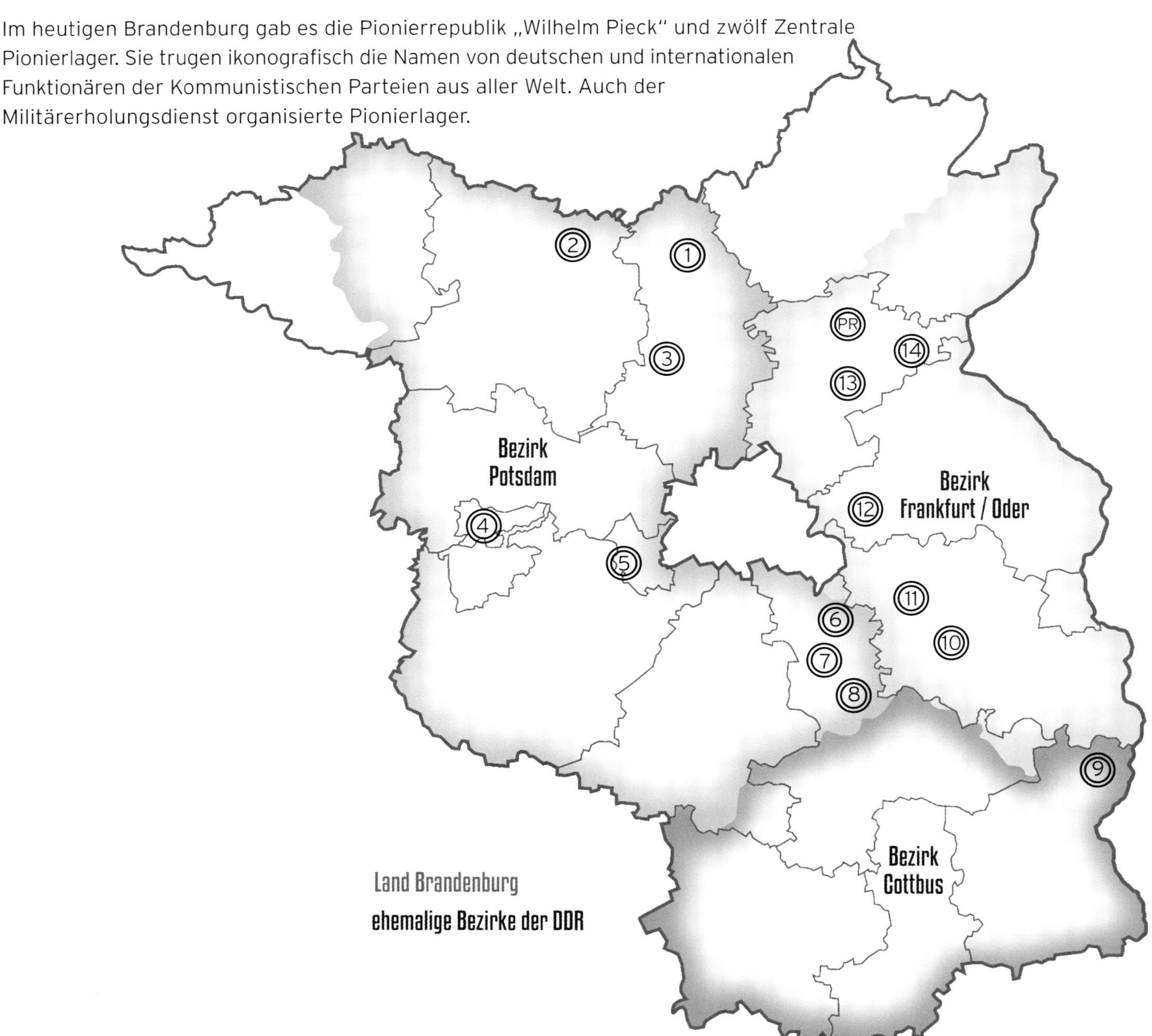

Bezirk Potsdam

1 ZPL „Wilhelm Florin“ in Prebelow am Großen Prebelowsee: Wilhelm Florin (1894-1944), kommunistischer Politiker in der Weimarer Republik.

2 ZPL des MDI in Kuhlmühle

3 Ferienlager des MfS in Klausheide

4 ZPL „Bruno Kühn“ in Bollmannsruh am Beetzsee: Bruno Kühn (1901–1944), Funktionär des Kommunistischen Jugendverbandes Deutschlands und Widerstandskämpfer gegen den Nationalsozialismus.

5 ZPL „Tschcibalsan“ in Petzow am Glindowsee: benannt nach Chorloogiin Tschoibalsan (1895–1952), kommunistischen Staatspräsidenten und Regierungs chef der Mongolischen Volksrepublik.

6 ZPL „Enver Hoxha“, später „General Swierczewskis-Walter“ in Gräbendorf am Hölzernen See: Enver Hoxha (1908-1985), kommunistischer Ministerpräsident der Sozialistischen Volksrepublik Albanien; Karol Swierczewski (1897–1947), kommunistischer General der polnischen Streitkräfte in der Sowjetunion.

7 ZPL „Michail Kalinin“ in Gräbendorf am Frauensee: Michail Kalinin (1875–1946), Staatsoberhaupt der Sowjetunion unter dem Diktator Stalin.

8 ZPL „Heinrich Rau“ in Groß Köris am Großen Roßkardtsee: Heinrich Rau (1899–1961), kommunistischer Politiker und Vorsitzender der Staatlichen Plankommission der DDR.

Bezirk Cottbus

9 ZPL „Philipp Müller“ in Weißwasser am Braunsteich: Philipp Müller (1931–1952), westdeutscher Kommunist, kam 1952 in Essen bei einer Demonstration gegen die bundesdeutsche Wiederbewaffnung ums Leben.

Bezirk Frankfurt/Oder

10 ZPL „Feliks Dzierzynski“ in Bad Saarow am Scharmützelsee: Feliks Dzierzynski (1877–1926), Gründer der sowjetischen Geheimpolizei Tscheka.

11 ZPL „Lilo Hermann“ in Bad Saarow am Scharmützelsee: Lilo Herrmann (1909–1938), kommunistische Widerstandskämpferin gegen den Nationalsozialismus, die 1938 hingerichtet wurde.

12 ZPL „Alexander Matrossow“ in Grünheide am Störitzsee: Alexander Matrossow (1924–1943), legendärer sowjetischer Soldat.

13 ZPL „Helmut Just“ in Biesenthal am Großen Wukensee: Helmut Just (1933–1952), Angehöriger der Volkspolizei der DDR, der 1952 im Dienst erschossen wurde.

14 ZPL „Anton Semjonowitsch Makarenko“ in Brodowin nahe dem Großen Plagesee: Anton Semjonowitsch Makarenko (1888–1939), Begründer der sowjetischen Staatspädagogik.

PR Pionierrepublik „Wilhelm Pieck“ in Joachimsthal am Werbellinsee: Wilhelm Pieck (1876-1960), erster und einziger Präsident der DDR

In der Pionierrepublik „Wilhelm Pieck"

… am Scharmützelsee und in den Pionierlagern

ZPL „Wilhelm Florin“ in Prebelow am Großen Prebelowsee

Am Großen Prebelowsee, nahe Rheinsberg, befand sich das Pionierlager „Wilhelm Florin“ (1894–1944), benannt nach einem kommunistischen Politiker und Reichstagsabgeordneten der Weimarer Republik. Das Stahl- und Walzwerk Hennigsdorf übernahm 1951 die Trägerschaft. Die Bewirtschaftung erfolgte unter der Leitung der FDJ durch Angehörige des Betriebes. Das Lager hatte eine Kapazität von 1200 Betten. Die Akten geben Auskunft darüber, dass hier in den Sommerferien 1969 Mädchen und Jungen 1150 Touristenabzeichen ablegten und 1150 Fünfkampfabzeichen erwarben, 890 Stunden gesellschaftlich-nützliche Arbeit erbrachten und 1810 Mark Solidaritätsgelder sammelten.
Im Sommer 1980 verbrachten „Mädchen und Jungen aus der DDR ... gemeinsam mit Kindern aus dem Ausland ihre Ferien ... im Zentralen Pionierlager ‚Wilhelm Florin‘ Prebelow. Rund 800 Schüler, unter ihnen Gäste aus der BRD, der ČSSR, Polen und der Sowjetunion, gestalteten ... Kulturprogramme zur Friedensproblematik und der Lebensfreude. Viele der Mädchen und Jungen beteiligten sich an einem ein Kilometer langen Friedenslauf.“

Und weiter: „Im Feriendomizil in der reizvollen Ruppiner Schweiz stehen in den nächsten Tagen für die DDR-Kinder und ihre ausländischen Gäste unter anderem Exkursionen per Boot oder Fahrrad in die wald- und wasserreiche Umgebung auf dem Programm", berichtete die Presse. Außerhalb der Ferienzeit wurde das Lager zu Ausbildungszwecken durch die Zivilverteidigung der DDR und die Gesellschaft für Sport und Technik (GST) genutzt.
In Prebelow gründete sich 1991 der Prebelower Kinderland e.V., der das Gelände heute unter dem Dach des BAG KiEZ Deutschland e.V. als Kinder- und Jugenderholungszentrum betreibt.

ZPL „Enver Hoxha", später „General Swierczewskis-Walter" in Gräbendorf am Hölzernen See

Enver Hoxha (1908–1985), kommunistischer Ministerpräsident der Sozialistischen Volksrepublik Albanien, und Karol Swierczewski (1897–1947), kommunistischer General der polnischen Streitkräfte in der Sowjetunion, waren die Namensgeber für das Pionierlager bei Gräbendorf im ehemaligen Bezirk Potsdam. Hier wurde im Sommer 1952 „in Anwesenheit von Vertretern der Landesleitungen der FDJ und der SED Groß-Berlin sowie der Kulturdirektion, der BGL und der SED-Betriebsparteiorganisation des Berliner Großbetriebes Siemens-Plania ... am Hölzernen See bei Königs Wusterhausen das Pionierlager ‚Enver Hodscha' für die diesjährige Ferienaktion feierlich eröffnet. Das Lager war im vorigen Jahr von der Belegschaft des Betriebes Siemens-Plania in freiwilliger Arbeit aufgebaut worden. In diesem Jahr hat die Belegschaft die Patenschaft über das Lager übernommen. 800 Kinder des ersten Durchganges erholen sich bereits im Pionierlager ‚Enver Hodscha'. Im August werden dort weitere 800 Kinder frohe Wochen verleben."
1969 erfolgte die Umbenennung des Lagers mit der Verleihung des Namens „General Swierczewski-Walter" und wurde damit zum Lager der Deutsch-Polnischen Freundschaft erklärt. Wo in den Sommermonaten das Pionierlager seine jungen Gäste begrüßte, fanden außerhalb der Ferien Spezialistenlager für Pionierräte und Junge Mathematiker statt.
Impressionen des Ferienlageralltags aus der damaligen DDR-Presse: „Nicht nur das sommerliche Wetter war am Donnerstag in Hochform, auch die 600 Berliner Pioniere und ihre polnischen Gäste im Zentralen Pionierlager General Karol Swierczewski-Walter am Hölzernen See, nahe Königs Wusterhausen. Gesucht wurde ‚Der stärkste Pionier' bei einer Lagerspartakiade. Auch auf Lars Lewandowski traf ich dort, Schüler der Treptower Erich-Lodemann-Oberschule.

PIONIERLAGER „GENERAL SWIERCZEWSKI - WALTER"

Was ihm am besten gefiel? ‚Der Nachtwanderung würde ich die Note 1 geben, und dem Essen. Das schmeckt wie zu Hause, so gut.' Ob er nicht Sehnsucht nach den Eltern hätte? ‚Mutti und Vati haben mich schon besucht' , sagte er, ‚doch eigentlich nicht nur mich, sondern alle hier.' Lars lieferte dazu die Erklärung: Sein Vater nämlich arbeitet als Kupfermischer im VEB Elektrokohle Lichtenberg, Trägerbetrieb des Pionierlagers. Und an einem Tag stellte sich der Betrieb den Kindern vor. Auch Lars' Vater war eingeladen, erzählte über seine Arbeit."
Wo heute der KiEZ Hölzerner See zu Schul- und Klassenfahrten, für Ferienlager, Proben- und Trainingslager, Familienurlaub, Vereinsfahrten und Seminare einlädt, fand 1986 „im Zeichen des Erfahrungsaustausches über gewerkschaftliche Arbeit und der internationalen Solidarität ..." das Schulungslager für junge Gewerkschafts- und FDJ-Funktionäre aus Berliner Berufsausbildungseinrichtungen statt. Das Zentrale Pionierlager am Hölzernen See war eines der Vorzeigeobjekte der DDR-Pionierlager.

ZPL „Tschoibalsan“ in Petzow am Glindowsee

Im wald- und wasserreichen Havelland auf der kleinen Halbinsel Hohenwerder am Glindowsee bei Petzow befand sich das Zentrale Pionierlager Tschoibalsan, benannt nach Chorloogiin Tschoibalsan (1895–1952), kommunistischen Staatspräsidenten und Regierungschef der damaligen Mongolischen Volksrepublik.

Ursprünglich war das Pionierlager in der Trägerschaft des VEB Lokomotivbau Karl Marx Babelsberg in Rathenow am Wolzensee eröffnet worden. Doch im Oktober 1952 wurde beschlossen, das Lager nach Petzow zu verlegen, da der Standort in Rathenow nicht den Ansprüchen eines Zentralen Pionierlagers genügte. Für den Neubau in Petzow wurden 1953 insgesamt 237 000 Mark investiert, unter anderem Wirtschaftsgebäude, Sanitätsgebäude und zwei Waschräume gebaut. Im Jahr 1954 hatte das Lager eine Kapazität von 1000 Plätzen. Ein Verwaltungsbericht aus dem Jahr 1960 räumt kritisch ein, „dass die Fahrt ins Pionier-

lager nur formal als eine Auszeichnung anzusehen ist. Tatsächlich sah die Praxis in einigen Kreisen … leider so aus, dass die Pioniere zum grossen Teil für die Fahrt ins Pionierlager geworben werden mussten."
Doch im Sommer 1972 wurde Erfolg gemeldet, als rund 1900 Pioniere und FDJler ihre Ferien im Pionierlager in Petzow verbrachten, auf Expeditionen nach Potsdam, Berlin und Werder die Umgebung erkundeten. Bei Ernteeinsätzen in Werder wurden 1800 Arbeitsstunden geleistet, insgesamt 3401 Stunden gesellschaftlich-nützliche Arbeit erbracht, 130 Schießabzeichen vergeben und 140 Schwimmstufen abgelegt und 1800 Teilnehmer nahmen am Sommersportfernwettkampf teil.
Heute betreibt der KiEZ Inselparadies Petzow e.V. ein Kinder- und Jugenderholungszentrum mit moderner „Gruppenunterkunft mit lehrplanorientierten Programmen, Naturerlebnissen, Angeboten zur Teamfähigkeit und zur gesunden Lebensweise mit Sport, Bewegung und Ernährung in der konzeptionellen Entwicklung".

ZPL „Bruno Kühn" in Bollmannsruh am Beetzsee

Bruno Kühn (1901–1944) war in den 1920er Jahren ein Funktionär des Kommunistischen Jugendverbandes Deutschlands und ein Widerstandskämpfer gegen den Nationalsozialismus. Nach ihm wurde das Zentrale Pionierlager in Bollmannsruh am Beetzsee benannt. „Die gesamte Arbeit im Pionierlager ‚Bruno Kühn' war … darauf gerichtet, in vorbereitender Weise die jungen Menschen für die Freie Deutsche Jugend zu gewinnen … Die Kernfrage der politisch-ideologischen Arbeit bestand darin, den Jugendlichen klarzulegen, warum und weshalb sie die Kampfreserve der Partei der Arbeiterklasse sind."
Als das Zentrale Pionierferienlager „Bruno Kühn" 1953 eröffnete, wurden die Pioniere in Zelten untergebracht, und es waren nur einige feste Gebäude vorhanden. Aber bereits Mitte der 1950er Jahre wurden 50 Hütten, je 20 Quadratmeter groß, mit jeweils acht Bettenplätzen errichtet. Die Gesamtkapazität konnte für das Jahr 1964 mit 400 Lagerteilnehmern pro Durchgang angegeben werden.
Die Akten berichten, dass in einem Sommer im ersten Ferienlagerdurchgang 350 Pionierräte aus Bezirk Cottbus ein Räteschulungslager durchführten, in einem zweiten Durchgang fand ein Spezialistentrainingslager der Kanuten und Ruderer der DDR statt, und es wurde die Durchführung eines Pionierpokalwettkampfes im Kanu unter der Teilnahme von 30 Pionieren

aus der ČSSR organisiert. In einem dritten Durchgang kamen Pioniergruppen des Bezirks Cottbus bei der Durchführung des Pioniermanövers „Freundschaft" zusammen und wurden von einer Hundertschaft der Kampfgruppe mit Waffen und Geräten betreut.

Als Anfang der 1970er Jahre das Pionierlager den neuen Anforderungen nicht mehr entsprach, wurde umgebaut. Der Trägerbetrieb, das Stahl- und Walzwerk Brandenburg, mit über 12 000 Beschäftigten einer der größten Betriebe der DDR, sorgte für die Investitionsmaßnahmen: Der Speisesaal wurde erneuert und die alten Bungalows nach und nach abgerissen. 1977 bauten Stahlwerker die zentrale Lagerstraße sowie den Appellplatz, der heute als Freilichtbühne genutzt wird.

In den 1980er Jahren war das Zentrale Pionierferienlager „Bruno Kühn" eines der modernsten Ferienanlagen in der DDR. Für die 600 Kinder eines Ferienlagerdurchgangs standen 150 bis 200 Erwachsene bereit, die sich um Logistik und pädagogische Betreuung kümmerten. Auch das ehemalige Pionierlager am Beetzsee gehört heute als „KiEZ Bollmannsruh" zu den Kinder- und Jugenderholungszentren der BAG KiEZ Deutschland e.V.

ZPL „Michail Kalinin“ in Gräbendorf am Frauensee

„Wie jeden Morgen plärrten ... die Lautsprecher durch das Pionierferienlager ‚M.I. Kalinin‘ am Frauensee: Kampflieder der Arbeiterklasse, Schlagermusik, Durchsagen der Lagerleitung und im stündlichen Rhythmus die Nachrichten des Demokratischen Rundfunks, wie sich die Sender der DDR damals selbst nannten. Das ewige Dröhnen der Tonanlage gehörte zum Lagerleben wie die Kiefern, der märkische Sand und der Badesee. Für einen Zehnjährigen waren es ... die gleichen Parolen wie immer ... Dann wurde zum ... Fahnenappel getrommelt. Alle traten gruppenweise auf dem Appellplatz an. Es erfolgte die Meldung: ‚Lagerfreundschaft M.I. Kalinin vollzählig angetreten.‘ ‚Für Frieden und Völkerfreundschaft! Seid bereit.‘, rief der Freundschaftsratsvorsitzende zackig. ‚Immer bereit‘ tönte es im Chor zurück.“ Die Flagge wurde gehißt, am langen Tischen gemeinsam gespeist, im Kinozelt des Ferienlagers der DEFA-Film „Fünf Patronenhülsen“ geschaut, und gemeinsam mit Kindern aus Frankreich, die ihr kommunistischer Jugendverband auf Reisen geschickt hatte, wurden Lieder auf der Gitarre gespielt und Chansons

PIONIERLAGER „M.I.KALININ“ AM FRAUENSEE

gesungen. So beschreibt seine ganz persönlichen Impressionen aus der „Heilen Welt der Diktatur" der Historiker Stefan Wolle.
Der Namensgeber des Zentralen Pionierlagers, Michail Kalinin (1875–1946), war Staatsoberhaupt der Sowjetunion unter dem Diktator Stalin gewesen. Der Aufbau des Lagers am Frauensee begann bereits im Jahr 1950. Drei Jahre später wurde ein Speisesaal mit der Kapazität von 400 Plätzen errichtet. In den Jahren 1958 bis 1968 konnte das Pionierlager in einem Durchgang 800 Pioniere und 200 Betreuer beherbergen, wobei 280 Pioniere in Bungalows und 520 Pioniere in Zelten untergebracht waren.
In den Folgejahren wurden 14 Steinbauten für die Unterbringung und Versorgung der Kinder gebaut. Somit konnten auch in den Winterferien bis zu 50 Kinder im Lager weilen. In den 1980er Jahren fanden im Mai und im Juni die in der DDR seit dem Schuljahr 1978/79 für die Jungen der Klassenstufe neun obligatorischen Durchgänge des zweiwöchigen Wehrlagers statt.
Heute befindet sich auf der 14 Hektar großen Anlage das „Kinder- und Erholungszentrum (KiEZ) Frauensee". Bei einer Übernachtungskapazität von 850 Betten gibt es Freizeitangebote für Kinder- und Jugendliche.

ZPL „Heinrich Rau" in Groß Köris am Großen Roßkardtsee

Der VEB Schwermaschinenbau „Heinrich Rau" Wildau war Trägerbetrieb des gleichnamigen Zentralen Pionierlagers am Großen Roßkardtsee in der Gemeinde Groß Köris im heutigen brandenburgischen Landkreis Dahme-Spreewald. Heinrich Rau (1899–1961) war ein ehemaliger KPD-Funktionär und später Vorsitzender der Staatlichen Plankommission der DDR.
Die ersten Ferienlagerkinder reisten 1952 an. Das Lager war zunächst ein Zeltlager. Durch mehrere Erweiterungen und Umbauten wurde es modernisiert, und 1980 konnten zirka 900 Pioniere in einem Ferienlagerdurchgang betreut werden. Unterkunftsmöglichkeiten gab es auch für die 300 bis 400 Mitglieder des Leitungs-, Betreuungs- und Verwaltungspersonals.
Historische Dokumente der staatlichen Verwaltung aus dem Jahr 1960 berichten von den Schwierigkeiten bei der Organisation des Lagers: Zirka 40 Prozent aller Gruppenleiter waren jünger als 18 Jahre, und ihre Anleitung und Ausbildung für die Gestaltung des Lageralltags wurde als mangelhaft kritisiert. In den Durchgängen des Sommers 1960 seien in lediglich der Hälfte aller Gruppen die vorgeschriebenen Gruppenräte gewählt worden. Und Kinder aus dem Trägerbetrieb, die in das Pionierlager reisten, hätten gar nicht gewusst, dass sie in ein Pionierlager fahren.

Anstecknadel aus dem ZPL „Heinrich Rau"

Zum Lagerleben gehörten in Groß Köris wie in den anderen Ferien- und Pionierlagern Exkursionen und Wanderungen, Sportfeste und Spartakiaden. Eine Dampferfahrt zur Ernst-Thälmann-Gedenkstätte in Ziegenhals und eine Rundfahrt auf dem Berliner Müggelsee standen auf dem Programm. Mitglieder des Jugendmusikkorps Leipzig bereiteten sich hier auf ihre Auftritte vor. Und Pioniere aus der UdSSR und der ČSSR, aus Ungarn und aus Polen, aus Vietnam und aus Nordkorea waren zu Gast.

In den Winter- und den Maiferien wurden teilweise 300 bis 400 Schüler und Schülerinnen auf Klassenfahrt im Pionierlager am Großen Roßkardtsee untergebracht. Das Lager diente auch zur vormilitärischen Ausbildung von Studierenden, zur GST-Ausbildung der Lehrlinge der Berufsschule Wildau und wurde seit 1979 für die Lager zur "sozialistischen Wehrerziehung" der Schüler der 9. Klasse der polytechnischen Oberschulen der Kreise Königs Wusterhausen und Zossen genutzt. Etwa 600 bis 800 Schüler jährlich kamen in diesen „Genuss" ...

Über viele Jahre nutzte die Nationale Volksarmee das Zentrale Pionierlager „Heinrich Rau" zur Vorbereitung einer Paradeformation zum Nationalfeiertag der DDR am 7. Oktober, die bis 1989 alljährlich auf der Berliner Karl-Marx-Allee abgehalten wurde.

Die Zäsur kam mit der politischen Wende. Letztmalig wurde das Zentrale Pionierlager im Sommer 1990 von Ferienlagerkindern besucht.

ZPL „Philipp Müller" in Weißwasser am Braunsteich

Das einzige Pionierlager im Bezirk Cottbus befand sich, umgeben von ausgedehnten Kiefernwäldern, unzähligen Seen und Teichen, in der Muskauer Heide bei Weißwasser. Für den Aufbau des Lagers wurde im Jahr 1955 eine Investitionssumme von 84 000 Mark bereitgestellt. Es entstanden ein überdachter Essensplatz, Blockhäuser, eine Warmwasseranlage und eine Freilichtbühne.

Benannt war das Lager nach Philipp Müller (1931–1952), einem westdeutschen Kommunisten, der 1952 in Essen bei einer Demonstration gegen die bundesdeutsche Wiederbewaffnung ums Leben gekommen war. Trägerbetrieb des Pionierlagers für 800 Kinder und 200 Betreuer und Mitarbeiter war der VEB Spezialglaswerk „Einheit" Weißwasser. Unter dem Motto „Mit Dir Republik – der Sorben Vaterland" fanden auf dem Gelände des Pionierlagers unter anderem Spezialistenlager der sorbischsprachigen Kinderzeitschrift „Plomjo" statt. Die Teilnehmer

kamen aus der DDR, aus der ČSSR und aus Polen, machten sich mit der sorbischen Sprache und mit dem kulturellen Erbe der nationalen Minderheit in der DDR vertraut.
Das Pionierlager wurde ebenso von Nachwuchssportlern genutzt: „Mit Pirouetten, Figuren und Sprüngen zu schwungvollen Diskoklängen begeisterten junge Rollsportler ... ihre Altersgefährten im Zentralen Pionierlager ‚Philipp Müller' Weißwasser. Die Sportler aus mehreren Bezirken waren Teilnehmer des zentralen Spezialistenlagers der drei Disziplinen Rollkunstlauf, -schnellauf und -hockey."
Außerhalb der Ferienzeiten wurde das Lager für Schulungen von FDJ-Kreis- und Bezirksleitungen und als Wanderstützpunkt für organisierte Touristengruppen genutzt. Heute lädt das Kindererholungszentrum „Am Braunsteich" e.V. zu Klassenfahrten, Ferienlageraufenthalten und Wandertagen für Schulen ein, unterhält eine Kindertagesstätte und bietet Räumlichenkeiten für Familienfreizeiten, Trainingslager und Probenlager für Chöre und Orchester.

ZPL „Feliks Dzierzynski" in Bad Saarow am Scharmützelsee

Im Sommer 1956 wurde am Ufer des Scharmützelsees im damaligen Bezirk Frankfurt/Oder die Eröffnung des Zentralen Pionierlagers „Felix Dzierzynski" von 860 Kindern, darunter 25 aus Belgien und 25 aus Westdeutschland, gefeiert. Benannt war das Pionierlager nach dem Gründer der sowjetischen Geheimpolizei Tscheka, Feliks Dzierzynski (1877–1926).
Für die Erbauung des Pionierlagers im Jahr 1953 wurden Investitionsmittel von 120 000 Mark bereitgestellt. Trägerbetrieb war der VEB Bandstahlkombinat „Hermann Matern" Eisenhüttenstadt. Bis 1961 waren die Kinder ausschließlich in Zelten untergebracht. Dann entstanden bis 1975 insgesamt 75 Bungalows, auch Speisesäle und Waschanlagen. Mehr als 900 Kinder konnten in einem Sommerferienlagerdurchgang das Pionierlager besuchen.
Außerhalb der Ferienzeit wurde das Pionierlager von Kindergärten und Schulen für Gruppenfahrten genutzt, fanden Lehrgänge für Betriebsangehörige des Trägerbetriebes und der Betriebskampfgruppen des Bezirkes Frankfurt/Oder auf dem Gelände statt.
„Eine Schatztruhe, gefüllt mit guten Taten der Pioniere des Oderbezirkes", so ist der damaligen Presse zu entnehmen, wurde im Sommer 1989 im Zentralen Pionierlager "Feliks Dzierzynski" in Bad Saarow vergraben. Im Jahre 2000 sollte sie wieder gehoben werden und einer neuen Piоniergeneration verkünden, wie der Auftrag „Meine Liebe, meine Tat meiner Heimat DDR" erfüllt wurde. „Zu den Schätzen gehören Tagebücher, die Mädchen und Jungen mit Berichten über Exkursionen der Pioniergruppe und über Begegnungen mit Veteranen füllten."

Wo einst die Schatztruhe der Pioniere vergraben wurde, entstand nach 1990 das Sport- & SPA-Resort A-ROSA mit einem Golfplatz – das Ferienlager für Kinder und Jugendliche ist verschwunden.

ZPL „Lilo Hermann" in Bad Saarow am Scharmützelsee

„Sonne, Wasser, Wald, weiße Zelte, blaue Tücher, tiefes Grün des Kiefernwaldes mit einem Saum aus lichten Birken und dort – glitzernde Segel auf milchigblauen Wellen. So erlebten wir Bad Saarow am Scharmützelsee, früher Luxuskurort bekannter Finanzhyänen und

Fabrikherren", war 1951 im Neuen Deutschland zu lesen. Da hatte Walter Ulbricht das Pionierlager unter dem Namen „Mathias Rakosi", dem damaligen Vorsitzenden der Kommunistischen Partei Ungarns, eröffnet. Zu dieser Zeit konnten 1000 Kinder in einem Durchgang in der Zeltstadt am See betreut werden.
Wenige Jahre später wurde das Pionierlager umbenannt und trug fortan den Namen „Lilo Herrmann" (1909–1938), einer kommunistischen Widerstandskämpferin gegen den Nationalsozialismus, die 1938 hingerichtet wurde. Das Zentrale Pionierlager befand sich in direkter Nachbarschaft zum Pionierlager „Feliks Dzierzynski".
Planungen für einen Umbau und die Erweiterung des Pionierlagers sahen für den Zeitraum von 1970 bis 1975 ein Budget von 3 Mio. Mark vor. Feste Bungalows entstanden und ein zweistöckiges Mehrzweckhaus mit Küche und Speiseraum wurden gebaut. Der Trägerbetrieb des Zentralen Pionierlagers „Lilo Hermann" war der VEB Reifenkombinat Pneumant Fürstenwalde.

Im Winter wurde das Lager zu Schulungszwecken für Pionierräte und für Pionierlagerleiterschulungen genutzt. Von 1984 bis 1986 entstanden auf dem Grundstück auf der gegenüberliegenden Straßenseite drei jeweils dreistöckige Bettenhäuser und ein Speisesaal für 400 Jugendliche. Im Sommer 2019 ist von Planungen zu lesen, wonach auf dem Gelände des ehemaligen Zentralen Pionierlagers „Lilo Hermann" eine neue Ferienanlage entstehen soll.

ZPL „Alexander Matrossow" in Grünheide am Störitzsee

Umgeben von Fichtenwäldern, liegt der Störitzsee im Südosten Berlins an der Straße von Erkner nach Fürstenwalde. Hier entstand im Jahr 1953 das spätere Zentrale Pionierlager „Alexander Matrossow" (1924–1943), benannt nach einem in der damaligen Sowjetunion legendären Soldaten der Roten Armee. Trägerbetrieb war der VEB IFA-Automobilwerke Ludwigsfelde.

In den Sommerferien 1961 besuchten in einem Durchgang 821 Pioniere das Ferienlager. Unter ihnen waren 300 Nichtschwimmer, wie den Akten zu entnehmen ist. Während des Ferienlageraufenthaltes erlernte die Hälfte von ihnen das Schwimmen und legte das Schwimmabzeichen ab.

Weiter berichten alte Unterlagen, dass bei einer Visitation des Lagers 1969 festgestellt wurde, dass der Zustand der Einrichtung nicht die Ansprüche der staatlichen Feriengestaltung erfülle: 800 Pioniere und 150 Betreuer seien in ca. 90 Zelten untergebracht und es gebe nur zwei Holzbaracken als Unterkunft für den Lagerleiter und die Verwaltung; die Sanitätsanlagen seien in einem schlechten Zustand, die Räume für Arbeitsgemeinschaften seien mangelhaft und auch der Speiseraum mit 300 Plätzen nicht ausreichend für Kapazität des Lagers. „Der gesamte vorhandene Baubestand des Lagers ist in dem Maße mangelhaft, daß er für eine eventuelle Erweiterung bzw. Sanierung des Lagers ausscheidet."

Für den Umbau des Pionierlagers wurde ein Plan entworfen, und zu den X. Weltfestspielen der Jugend 1973 in Berlin konnte der Ausbau des Lagers vermeldet werden. Aus der Zeltstadt war ein Pionierlager mit Bungalows und festen Gebäuden für 600 Pioniere geworden.

Bis 1988 wurden weitere Gebäude errichtet und bis zu 1500 Kinder und Jugendliche verbrachten in jedem Sommerferienlagerdurchgang ihre Ferien am Störitzsee.

Das 18 Hektar große Gelände wird heute von der Störitzland Betriebsgesellschaft mbH betrieben und erwartet Kinder, Jugendliche und Familien, die sich eine Auszeit vom Alltag wünschen, für Klassen- und Schulfahrten, Kinder- und Jugendcamps, Ferienlager und Familienfahrten.

ZPL „Helmut Just" in Biesenthal am Großen Wukensee

1946 wollte die Stadt Berlin auf dem Grundstück „Bagusat" Akazienallee in Biesenthal ein Jugendheim einrichten. Die örtliche Gemeindeverwaltung stimmte dem Antrag zu, da der vormalige Eigentümer nach Kriegsende nicht mehr nach Biesenthal zurückgekommen war. Bis 1950 blieb das Grundstück ungenutzt. 1951 wurde in diesem Objekt ein erstes großes Kinderferien- und Pionierlager eingerichtet. In der alten Villa entstanden eine Küche, Duschen und Waschräume. Das Pionierlager hatte zunächst eine Kapazität von 300 Plätzen. Dazu wurden 120 000 DM zur Verfügung gestellt.

Die Verwaltung des Ferienlagers befand sich in den oberen Räumen der Villa. Auf dem großen, freien Gelände gegenüber des Hauses wurden zur Unterbringung der Ferienkinder Zelte aufgestellt.

Ab 1959 gab es weitere Umbauten: den Neubau einer Küche sowie von Lagerräumen und einer Speisehalle mit 250 Plätzen. Es wurden dreigeschossige Wohnblöcke errichtet und das Ferienlager wurde von „Bergmann Borsig Heim" in „ZPL Helmut Just" umbenannt.
Helmut Just (1933-1952) war Angehöriger der Volkspolizei der DDR gewesen. Er war 1952 im Dienst erschossen worden.
Im Jahr 1966 hatte das Pionierlager eine Kapazität von 500 Plätzen. Spezialistenlager für Fanfarenzüge der FDJ, Trainingslager für junge Leichtathleten, Volleyballer, Hockeyspieler und Ringer wurden hier durchgeführt. Auf dem Exkursionsprogramm standen Radtouren zum Schiffshebewerk Niederfinow, zum Kloster Chorin und Ausflüge zur Gedenkstätte des ehemaligen Konzentrationslagers Sachsenhausen.
Nach der Wiedervereinigung stand das Objekt einige Jahre leer. Der vormalige Eigentümer stellte Rückübertragungsansprüche, denen stattgegeben wurde. Im April 2004 wurde das gesamte Areal verpachtet. Der Verein „Wukensee e.V." nutzte es als Freizeitobjekt.

ZPL „Anton Semjonowitsch Makarenko" in Brodowin

Brodowin ist heute ein Ortsteil der Gemeinde Chorin im Landkreis Barnim. Nahe dem Großen Plagesee wurde 1951 das Zentrale Pionierlager „Anton Semjonowitsch Makarenko" (1888-1939) eingerichtet, benannt nach dem Schriftsteller und Begründer der sowjetischen Staatspädagogik. Anfangs ein Zeltlager mit einer Kapazität von 1000 Plätzen, wurden in den 1960er Jahren Bungalows aufgebaut, sodass 700 Pioniere in den nun massiven Bauten untergebracht werden konnten.
Als Trägerbetrieb unterstützte der VEB Kranbau Eberswalde das Pionierlager. So konnten ein Verkehrsgarten und eine technisch-naturwissenschaftliche Hindernisbahn aufgebaut werden. In der Bungalowsiedlung entstand ein Wirtschaftsgebäude, in dem sich die Küche und der große Saal befanden. Letzterer wurde nicht nur als Speisesaal, sondern auch als Veranstaltungsraum genutzt. Auch ein kleiner Einkaufsladen, ein „Konsum", war vorhanden.
Die Anlage war parkähnlich gestaltet. Breitere und schmalere Asphaltwege durchzogen das Gelände, und es gab einen Paradeplatz.
Im Zentralen Pionierlager „Makarenko" wurden Spezialistenlager für Kabarett- und Puppenspielgruppen und für den Klub junger Künstler durchgeführt, und seit 1972 standen eine Bibliothek und ein Kindergarten für Angehörige des Lagerpersonals zur Verfügung.

Pionierlager „Makarenko“

Ein Truppenteil der Nationalen Volksarmee aus Prenzlau übernahm die Patenschaft für das Pionierlager und führte mit den Kindern Geländespiele durch. In den Februarferien fanden im Zentralen Pionierlager „Makarenko“ Räteschulungen für junge Funktionäre statt, und auch die Gesellschaft für Sport und Technik (GST) nutzte außerhalb der Sommermonate das Areal für die Ausbildung ihrer Mitglieder.
Nach 1990 lag das Gelände brach, und die Gemeinde entschied nach mehr als 15-jährigem Leerstand, sämtliche noch vorhandenen Gebäude abzureißen und die Wege zu entfernen. In den Kellerräumen unter dem einstigen Wirtschaftsgebäude hat heute eine Vielzahl von Fledermäusen ihr Winterquartier.

Pionierrepublik „Wilhelm Pieck“ am Werbellinsee

„Liebe Pioniere, das Leben unserer Kinder in der Deutschen Demokratischen Republik ist froh und glücklich, weil die Regierung die Kinder unseres Landes mit Liebe und Sorgfalt umgibt. Sie sorgt dafür, daß unsere neuen Schulen, Sportplätze, Pionierlager und Pionierhäuser gebaut werden, damit sich die Kinder erholen und viel Interessantes erleben können.“ Mit diesen Worten lud die spätere Ministerin für Volksbildung der DDR, Margot Feist, am 16. Juli 1952 die ersten 560 ausgewählten Jungen Pioniere in die nun eröffnete „Pionierrepublik“ am Werbellinsee ein.

Im Jahr 1949 hatte der Ministerrat der DDR den Bau einer Pionierrepublik beschlossen. Ursprünglich sollte das Pionierlager in der Wuhlheide, im Berliner Stadtbezirk Köpenick, entstehen, genau dort, wo später der Pionierpalast „Ernst Thälmann“ entstand. Gelände und Kosten in Berlin wurden jedoch für ungeeignet befunden, und die Entscheidung für die Einrichtung der „Pionierrepublik“ fiel auf das Areal in der Schorfheide am Werbellinsee.

Auf dem Gelände am Werbellinsee befanden sich neben den seinerzeit modernen Unterkunftsgebäuden auch ein Kindergarten, eine Polytechnische Oberschule, verschiedene Sportstätten, ein Stadion und gastronomische Einrichtungen. Der Architekt der „Pionierrepublik", Richard Paulick, hatte sein Handwerk als Assistent bei Walter Gropius gelernt.
Die „Pionierrepublik" wurde nach ihrer Eröffnung kontinuierlich baulich erweitert und erstreckte sich 1989 über eine Fläche von 1,1 Quadratkilometern. Von 1952 bis 1989 besuchten mehr als 400 000 Jugendliche die Pionierrepublik. Betreut und versorgt wurden sie in jedem Durchgang von etwa 100 Pionierleitern und mehr als 230 weiteren Mitarbeitern.
In seiner Eröffnungsrede sagte Wilhelm Pieck, erster und einziger Präsident der DDR, zu den Pionieren: „Ihr sollt hier singen und spielen und fröhlich sein, Sport treiben, tanzen, wandern, lesen, in den Arbeitsgemeinschaften lernen ... und beweisen, wie gut ihr es versteht, nach den Gesetzen der Jungen Pioniere zu leben." Es ging also nicht nur um Erholung, sondern auch um politische Schulung. „Die Pionierrepublik ‚Wilhelm Pieck' leistet seit ihrem Bestehen einen wichtigen Beitrag bei der kommunistischen Erziehung der jungen Generation unseres Landes und zur weiteren Festigung der Freundschaft der Kinder auf der ganzen Welt", hieß es damals.
Die Delegierung in die Pionierrepublik sollte eine besondere Auszeichnung sein und war an herausragende schulische oder gesellschaftliche Leistungen der Jugendlichen geknüpft. Außerhalb der Ferien schulte die FDJ in mehrwöchigen Lehrgängen ihre Nachwuchskader am Werbellinsee.
In den Sommerferien wurden die „Internationalen Sommerlager" zu einem Höhepunkt des Jahres im Lagerleben. Kinder und Jugendliche aus anderen sozialistischen Staaten, aber auch Delegationen befreundeter Jugendorganisationen aus dem „nichtsozialistischen Ausland" besuchten die Pionierrepublik.
Zum 30-jährigen Bestehen der Pionierrepublik wurde vermeldet, dass in drei Jahrzehnten insgesamt 150 000 Pioniere aus allen Gegenden der DDR sowie 15 000 Kinder aus 65 Ländern der Erde „erlebnisreiche Wochen" am Werbellinsee verbracht hätten.
Im Jahr 1984 berichtete die Presse: „180 Leistungssportler der DDR trafen sich am Mittwoch bei einer Internationalen Lagerspartakiade in der Pionierrepublik ‚Wilhelm Pieck' am Werbellinsee mit Kindern zu Sport und Spiel. 1200 Thälmannpioniere und ausländische Gäste des 27. Internationalen Sommerlagers aus 51 Ländern ... Unter Anleitung der Athleten aus den Zentren des DDR-Leistungssports beteiligten sich Pioniere und Kinder an 21 massensportlichen Wettbewerben, darunter Stangenklettern, Luftmatratzenpaddeln, Seilspringen und Medizinballstoßen. Neun Verbände stellten in Demonstrations-Wettbewerben ihre Sportart vor und luden dann die Kinder ein, selbst zu üben. In der Freizeitanlage zeigten Judokas,

Ringer, Gewichtheber, Fechter und Boxer ihr Können. Auf anderen Plätzen waren Leichtathleten, Kanu- und Rudersportler sowie Schlittensportler beim Sommerrodeln und Eisläuferinnen beim Rollschuhschlängellauf in Aktion."

Der Besuch der Pionierrepublik wurde mit einem Teilnehmerbetrag von 40 Mark der DDR subventioniert. Zu den Trägerbetrieben gehörten das PCK Schwedt und der VEB Schiffsarmaturen- und Leuchtenbau Finow, der VEB Werk für Fernsehelektronik Berlin und das Jagdfliegergeschwader „Hermann Matern" der Nationalen Volksarmee.

1990 war die Pionierrepublik Geschichte. Unter dem Namen "Kinderland am Werbellinsee" wurde das Objekt zuerst durch das Amt Jugend und Sport der DDR weiter betrieben und nach der Wiedervereinigung durch das Land Brandenburg übernommen. 2004 verkaufte das Land Brandenburg das gesamte Areal, auf dem sich heute die „Europäische Jugenderholungs- und Begegnungsstätte Werbellinsee" befindet.

In der Pionierrewpublik zu Gast: Wilhelm Pieck (Bild rechts 1. v. r.)

Lager des Militärerholungsdienstes

Ebenso wie andere Betriebe und Ministerien besaßen auch die „bewaffneten Organe der DDR", das Ministerium des Innern (MdI), das Ministerium für Staatssicherheit (MfS) sowie das Ministerium für Nationale Verteidigung teilweise seit den 1950er Jahren eigene Ferien- und Freizeiteinrichtungen. Kinder von Angehörigen der Nationalen Volksarmee und der Grenztruppen der DDR konnten in die Ferienlager des Ministeriums für Nationale Verteidigung beispielsweise nach Prora und Karlshagen an der Ostsee, nach Wurzbach in Thüringen oder nach Klein-Köris am Hölzernen See im Bezirk Potsdam fahren. Die NVA bot in den 1980er Jahren zirka 14 000 Kindern Ferienlagerplätze an.
Über diese Ferienlager berichtete als Zeitzeuge ein ehemaliger NVA-Oberstleutnant und späterer Major der Bundeswehr: „Der gesamte Tagesablauf vom Wecken über den Fahnenappell, die gesamte Einnahme aller Mahlzeiten bis zur Nachtruhe mit Trompetensignal war militärisch organisiert. Die Knaben schossen mit dem Luftgewehr und die Mädchen lernten das Anlegen von Verbänden. Auch das Orientieren im Gelände und der Marsch mit Karte und Kompass hat meist viel Spaß gemacht. Disziplin war oberstes Gebot, wurde in den verschiedenen Lagern aber mit unterschiedlicher Härte durchgesetzt."
Beispiele für Ferieneinrichtungen des Militärerholungsdienstes der DDR im heutigen Brandenburg sind das Pionierlager des Ministeriums des Innern in Kuhlmühle sowie das Ferienlager des Ministeriums für Staatssicherheit in Klausheide.

ZPL des MDI in Kuhlmühle

Auf der Halbinsel des Großen Baalsees, nahe Wittstock/Dosse, entstand 1956 das „Zentrale Pionierlager des Ministeriums des Innern". Anfangs waren die Kinder in Zelten untergebracht. Im Auftrag der Bezirksverwaltung der Deutschen Volkspolizei Potsdam wurden Toilettenanlagen und ein Pumpenhaus für die Frischwasserversorgung errichtet. Das Lager erhielt den Namen des ersten Präsidenten der Demokratischen Volksrepublik Vietnam, Ho Chi Minh. Die Infrastruktur des Ferienlagers – feste Unterkünfte, Küche, Sanitäranlagen, medizinische Versorgung – wurde erweitert und an der Badestelle am See wurden ein Steg und ein Sprungturm gebaut.
Entsprechend der seit 1964 geltenden zentralen Bestimmungen für die Einrichtung und Ausstattungder Ferienlager der DDR erhielt das ZLP des MDI eine neue Waschanlage und neue Toilettenräume, eine Kleinsportanlage und einen Speisesaal mit einer Kapazität für 500 Kinder,

eine Straßenverkehrsübungsanlage wurde eingerichtet, ein Bootsschuppen gebaut und ein Kiosk für Konsum und Lagerpost errichtet. In der kleinen Ferienstadt konnten gleichzeitig bis zu 1000 Kinder ihre Ferien verbringen.

Für das Jahr 1974 berichteten Güstrower Lehramtsstudierende über ihr Jugendobjekt „Ferienlager": „Unserer FDJ-Grundorganisation wurde die politische und pädagogische Führung des Zentralen Pionierlagers ‚Ho Chi Minh' in Kuhlmühle anvertraut. Das bedeutet, daß jährlich etwa 450 Studenten in drei Durchgängen für die Bildung und Erziehung von 3 000 Pionieren verantwortlich sind. Im Sommer 1975 werden sowjetische Lehrerstudenten gemeinsam mit unseren Studenten ihr Praktikum im Ferienlager Kuhlmühle absolvieren. Wir wollen mehr und mehr sowjetische Erfahrungen in der außerunterrichtlichen Tätigkeit auswerten und für uns erschließen."

Außerhalb der Ferienzeiten nutzte die politische Verwaltung des Ministeriums des Innern das Gelände für Schulungen und Tagungen.

Ferienlager des MfS in Klausheide

Am Möllensee zwischen Alt-Ruppin und Zippelsförde richtete das Ministerium für Staatssicherheit im Jahr 1976 sein Zentrales Pionierlager für die Kinder der hauptamtlichen Mitarbeiter des MfS ein. Bis zu 1500 Kinder verbrachten hier ihre Sommerferien. Die Kinder der Berliner MfS-Mitarbeiter sammelten sich an der Zentrale in der Normannenstraße und wurden von dort per Bus nach Klausheide gefahren.

Der Ferienlageralltag unterschied sich für die Kinder im Wesentlichen nicht vom Lagerleben anderer Pionierlager. Eine Wanderung nach Zippelsförde und eine Dampferfahrt auf der Spree in Berlin standen ebenso auf dem Programm wie ein Ausflug in den Tierpark Berlin-Friedrichsfelde, der Besuch des sowjetischen Ehrenmals in Berlin-Treptow oder des Trainingszentrums der Interflug in Berlin sowie ein Ausflug nach Potsdam mit einem Reisebus vom Typ Ikarus, die Besichtigung von Schloss Sanssouci und des Neuen Palais.

Aber frei vom Einfluss des MfS war das Lagerleben nicht. Das Motto des Lagers: „Leben dem Genossen Feliks nach" – bezogen auf Feliks Dzierzynski, den ersten Leiter der sowjetischen Geheimpolizei Tscheka – spiegelte sich im Selbstverständnis des Lageralltags wider. „Es hat durchaus eine ideologische Ausprägung gegeben ... ‚Kühler Kopf, heißes Herz, saubere Hände' – das Credo des Geheimdienstes schwebte immer mit." Zum Ferienlagerprogramm gehörten neben den üblichen Unternehmungen auch vormilitärische Übungen, und es gab einen obligatorischen „Tag der Tscheka" ebenso wie militärische Geländespiele.

Ausschweifenden Luxus, militärischen Drill oder gar Technik zum Abhören der nahegelegen Stadt Neuruppin, wie nach 1990 spekuliert wurde, gab es in Klausheide nicht. Eine der auffälligsten Entdeckungen in der Nachwendezeit war eine Sauna auf dem Lagergelände, die in den offiziellen Bauplänen fehlte.

Das Pionierlager wurde außerhalb der Ferienzeiten beispielsweise von Sportlern des SC Dynamo Berlin genutzt, die sich in Klausheide auf die jeweils anstehende Sportsaison vorbereiteten. Nach der Übergabe des Geländes an den Rat der Stadt Alt-Ruppin am 1. April 1990 wurde das mehrere Hektar große Areal zunächst als Hotelanlage, schließlich als Seniorenresidenz genutzt. Seit Mitte der 1990er Jahre liegt es brach.

DDR-Ferienlager in Medien und Gegenwart

Ferienlager in Presse, Buch und Film der DDR

Das Ferienlagerwesen und die Durchführung der Pionierlager wurden in der DDR mit einem großen propagandistischen Aufwand von den Medien begleitet. DDR-Zeitschriften und Illustrierte widmeten sich umfassend dem Thema Ferienlager. Die NEUE BERLINER ILLUSTRIERTE und die FÜR DICH gaben den Eltern Ratschläge für die Reisevorbereitung. TROMMEL, die Zeitung der Thälmann-Pioniere, berichtete aus Artek. Die Kinderzeitung FRÖSI zierte ein „Bastelbogen Ferienlager Mini Merker".

Der Allgemeine Deutsche Nachrichtendienst der DDR (ADN) vermeldete im Jahr 1981: „Tausende Ansichtskarten aus schönen Gegenden unserer Republik erreichen in den Sommermonaten täglich unsere Hauptstadt. Es sind auch die Feriengrüße der Jüngsten, abgesandt in den etwa 500 Betriebsferienlagern, in denen sich im gegenwärtigen dritten Durchgang 25 000 Berliner Mädchen und Jungen bei Sport und Spiel erholen.

In den vergangenen Wochen haben Mitarbeiter des FDGB-Bezirksvorstandes, des Bezirksvorstandes der Industriegewerkschaften und Gewerkschaften sowie der Kreisvorstände des FDGB mit ihren ehrenamtlichen Kommissionen für sozialistische Erziehung der Schuljugend die Auslastung der Betriebsferienlager kontrolliert. Sie waren erfreut, denn in allen Durchgängen gibt es kaum leere Plätze. Bis Ende August können so 92 000 Kinder auf abwechslungsreiche und interessante Tage zurückblicken. Ein Resultat guter Vorbereitung der Sommerlager, weil sich viele Werktätige in den Betrieben dafür einsetzten. Auch die Kooperationen mit Klein- und Mittelbetrieben haben sich dabei bewährt.

1265 Lagerleiter und Lagerleiterinnen, ihre Stellvertretung und Delegationsleitungen wurden lange vor Beginn der Sommerferien für ihre verantwortungsvolle Tätigkeit vom FDGB geschult. Vielfach sind erfahrene Arbeiter als Betreuungspersonal eingesetzt, wie zum Beispiel vom VEB Elektrokohle Lichtenberg. Der VEB Werk für Signal- und Sicherungstechnik Berlin hat gute Erfahrungen mit Studierenden des Lehrerbildungsinstituts Cottbus als Hilfskräfte gesammelt. Die Eltern zahlen für einen 16-tägigen Aufenthalt ihres Kindes im Betriebsferienlager nur 12 Mark.

Unter dem Motto ‚Blaue Wimpel im Sommerwind' erlebten die Kinder viele Veranstaltungen, die von den FDJ- und Pionierräten mit vorbereitet wurden. In Münchehofe befindet sich das Betriebsferienlager von Elektrokohle. Dort waren Bestarbeiter, Jugendfunktionäre und Veteranen zu Gast. Ein Förster zeigte den Mädchen und Jungen die Schönheiten des Waldes. Auch der Besuch einer LPG stand auf dem Programm.

„Blaue Wimpel, im Sommerwind" Filmausschnitte, 1952

Ferienlager im DDR Buch

Zum 20. Jahrestag der Sicherung unserer Staatsgrenze waren – wie in allen Ferienlagern – Angehörige der Kampfgruppen Gesprächspartner. Oft beschloss ein Manöverspiel diesen ereignisreichen Tag. Die Volkskunstkollektive der Betriebe, das schätzten die Gewerkschaftsvertreter positiv ein, unterstützten Arbeitsgemeinschaften und Klubs in den Ferienlagern. Volkskünstler sind als Gruppen- oder Zirkelleiter dabei. Mit selbstgefertigten künstlerischen Gegenständen gestalteten die Pioniere und FDJler zahlreiche Solidaritätsbasare. Zum Sport gehörten unter anderem Radwanderungen. Viele Feriengruppen gingen auf Exkursion zu Gedenkstätten und Sehenswürdigkeiten."

Die Einflussnahme des Staates auf den Privatbereich seiner Bürger als Ausdruck der Fürsorge um das „Ferienglück der Kinder" war kein redaktionelles Randthema und auch im publizistischen Zentralorgan der SED, dem Neuen Deutschland, stetiger Bestandteil der Berichterstattung, viele tausend Male über mehr als 40 Jahre. Allein 1951 erschienen im ND mehr als 100 Beiträge über die Ferien- und Pionierlager der DDR. Und noch im Sommer 1989, als Zehntausende DDR-Bürger dem Land den Rücken kehren, setzte das ND seine Lagerberichterstattung fort und berichtete unter dem Motto der Ferien dieses Jahres: „Auf Schatzsuche in unserer Heimat DDR".

Die DDR-Pionier- und Ferienlager lagen auch auf den Büchertischen: Im Sportverlag der DDR erschien „Sport im Ferienlager. Eine methodische Anleitung", und der Zentralrat der FDJ veröffentlichte den Titel „Wir singen neue Lieder im Ferienlager". Im Verlag Neues Leben wurde „Das Pionierlager" herausgegeben und eine „Kleine Ferienfibel" erschien im Kinderbuchverlag. In mehreren Auflagen und stets aktualisiert veröffentlichte der Gewerkschaftsverlag TRIBÜNE den organisatorischen Leitfaden „Unser Betriebsferienlager", und der Militärverlag gab den „Lagerplan Pionierlager Prebelow" heraus. Die publizistische Kollektivarbeit „Französische Kinder in Ferienlagern der DDR – ein Sprachführer für den Betreuer" wurde dem Lesepublikum 1974 von „Studenten des dritten Studienjahres der Sektion Sprach- und Literaturwissenschaften der Martin-Luther-Universität Halle-Wittenberg ... zur diesjährigen Zentralen Leistungsschau" vorgelegt.

Auch der Film und das Kino widmeten sich dem Thema. „Blaue Wimpel im Sommerwind" war der Titel eines 1952 von der DEFA vorgestellten Dokumentarfilms. Regisseur Herbert Ballmann ließ darin drei Jungen und zwei Mädchen ihre Ferienerlebnisse bei den Fahrten ihrer Pioniergruppen auf Rügen erzählen, von den Erlebnissen bei einem Geländewettbewerb im Elbsandsteingebirge, ihren Erkenntnissen bei einer Havelexpedition um den Käbeliksee und von ihren Geschichtsforschungen in der Thomas-Müntzer-Stadt Mühlhausen. Propagandistisch wurde der Film in Szene gesetzt. Die Musik schrieben Gerd Natschinski und Hanns Eisler; Franz Fühmann lieferte das Drehbuch.

Leitungsbesprechung ...,
„Sieben Sommersprossen",
DEFA-Film, 1978

Sommer, Sonne, Sehnsucht - Poesie und nackte Haut: „Sieben Sommersprossen" hieß der Film, der 1978 in die Kinos der DDR kam. Wenige Wochen nach der Premiere wurden bereits 1,2 Millionen Besucher gezählt. Für Robbi und Caroline aus Ost-Berlin ist Ferienzeit: Reisezeit ins Ferienlager. Da ruft Frau Kränkel im blauen Trainingsanzug mit der Trillerpfeife zum Morgenappell, da wird Theater gespielt mit Gruppenleiter Benedikt, da gibt es eine Nachwanderung und ein Neptunfest, und man wandert an weiten Straßen über Land. Und behutsam wird erzählt von der großen ersten Liebe und den Konflikten junger Menschen zwischen ihren Träumen und staatlicher Disziplinierung.

DDR-Ferienlager in der heutigen Wahrnehmung

Die Erinnerung an die DDR-Ferienlager ist bei vielen ehemaligen Teilnehmern bis heute lebendig. Sie wurde auch literarisch verarbeitet und erst viele Jahre nach dem Ende der DDR veröffentlicht beispielsweise von Gerd Tiedke, der in „Sommerflug zur Insel" seine Erfahrungen als Gruppenleiter im Ferienlager auf Usedom beschreibt. Der Roman „Das unreife Wanken des Schlüpferdiebs in der Wolfsschanze" von Frank Michael Wagner aus dem Jahr 2017 wirft einen satirisch-kritischen Blick auf Ferienlager und die DDR der 1970er Jahre. „Die Gewalt des Sommers" von Gunter Preuß schildert die Zerrissenheit des Protagonisten zwischen Gehorsam, Liebe und dem Drang nach Freiheit in einem Ferienlager auf Rügen. Und der Roman „Schneckenmühle" von Jochen Schmidt erzählt die Geschichte von Jens, von Skat und Fußballspielen, von Wanderungen und Disko und von Peggy und der Liebe – vom Sommer 1989 und der letzten Fahrt ins sächsische Ferienlager Schneckenmühle.
Im Internet gibt es heute Treffpunkte, auf denen Bilder und Erinnerungen aus der Ferienlagerzeit ausgetauscht werden: Auf Facebook kann man sich der Gruppe „DDR-Ferienlager" anschließen und auf Youtube das Lied der „Blauen Wimpel im Sommerwind" anhören.
Differenzierte oder gar kritische Aussagen zu DDR-Ferienlagern rufen teils heftige Reaktionen hervor. Als die Brandenburgische Landeszentrale für politische Bildung im Sommer 2019 eine Ausstellung über die Geschichte der Ferienlager in der DDR zeigt, berichtet nicht nur die Presse ausführlich und schlägt einen gedanklichen Bogen von „Neptunfest und Gasmasken". Die Reaktionen in Internetforen und selbst in den Leserbriefen auf der Webseite der Ausstellungsmacher deuten auf die Art der öffentlichen Wahrnehmung des Themas, wenn zu lesen steht: „Ich finde die Texte der Ausstellung sehr gelungen: Sie beschreiben die Ferienlager jenseits von Ostalgie einerseits und pauschaler DDR-Verurteilung andererseits . Und ja, sie haben bei mir Erinnerungen an die weniger schönen Seiten der Ferienlager wieder wachgerufen. Während mir bisher eher die Bilder von Disko, Neptunfest und Liebeleien in den Kopf kamen". Aber es gibt auch das zu lesen: „Die Texte zur Ausstellung sind der blanke Hohn und eine Verunglimpfung der Arbeit der Menschen, die in den vielen Jahren mit viel Liebe und Kreativität den Kindern 2 wunderschöne Wochen gestaltet haben". Oder: „Warum muß eigentlich alles, was zu DDR Zeiten gemacht, oder nicht gemacht wurde, schlecht geredet werden? Ich bin jedes Jahr ins Ferienlager gefahren und hatte Spaß und fühlte mich wohl." Und auch die Presse bezieht ihre Schelte, wenn es heißt: „Dieser Artikel zeigt wieder ganz deutlich - in der DDR war ALLES Schei... Und genau das ist es, was uns Ossis aufregt. Also, die DDR Ferienlager waren eine tolle, für Kinder einfach nur eine schöne Sache, die

den Gemeinschaftssinn und die Zusammengehörigkeit gefördert haben. Punkt", denn „es grenzt langsam an bodenlose Unverschämtheit von Leuten, die von Dingen, die sie nicht kennen, reden, wie der Blinde von der Farbe. Ich war in der Jugendorganisation und lasse mir meine schöne Jugend nicht von solchen naja, ich verklemme es mir, unflätig machen." Wobei sich dem historisch interessierten Betrachter die Frage aufdrängt, ob all dies ein Nachklang ist aus einer heilen Welt der Diktatur ...

Ein Buch vom Ferienlager

Für die Gestaltung der Ferienlager und die Organisation der Freizeit seiner Bürger betrieb die DDR einen enormen administrativen und ökonomischen Aufwand. Stets wurden diese Maßnahmen ideologisch begründet und propagandistisch inszeniert. Die Selbstverpflichtung des Staates, mit der Jugend und für die Jugend eine „bessere Zukunft zu bauen", deutet in diesem Zusammenhang auf den totalitären Fürsorgeanspruch des DDR-Staates.
Historiker haben in den zurückliegenden Jahren begonnen, die Freizeit in der DDR zu untersuchen. Die Geschichte der Ferien- und Pionierlager in der DDR wird dabei – wie wir nach all dem bisher Gesagten finden – eher marginal beschrieben. Neben Verweisen in einigen akademischen Arbeiten liegen mittlerweile eine Reihe journalistischer und belletristischer Publikationen über Ferien- und Pionierlager der DDR vor. Darin werden einzelne regionalgeschichtliche und lokalhistorische Aspekte des Themas beschreiben.
Die umfangreichen historischen Dokumentenbestände zu Ferien- und Pionierlagern wurden bislang noch nicht aufgearbeitet. Im Bundesarchiv und in den Landesarchiven lagern unbearbeitet und teilweise unerschlossen unzählige Dokumentenbestände der DDR-Verwaltungen, die sich mit administrativen, politisch-ideologischen oder ökonomischen Fragen der Ferien- und Pionierlager beschäftigen. Darüber hinaus gibt es auch historische Unterlagen zu Ferienlagern in den Beständen der BStU. Diese Hinterlassenschaften des Ministeriums für Staatssicherheit wurden bis heute nicht ausgewertet. Dabei ist gerade dieser Bestand bemerkenswert, hat doch das MfS über beinahe vier Jahrzehnte Tausende an operativen und verwaltungstechnischen Vorgängen bei seiner Bearbeitung von Ferien- und Pionierlagern in Akten hinterlassen – ein Faktum, das in der heutigen Wahrnehmung von DDR-Ferienlagern weitgehend unbekannt ist.
Für die vorliegende Publikation wurden Bestände des Bundesarchivs ausgewertet. Die inhaltlich bedeutendsten Akten stammen dabei aus den Beständen der Pionierorganisation „Ernst Thälmann" (DY 25) und des ehemaligen Amts für Jugendfragen der DDR (DC 4). Die jeweiligen Bestände sind thematisch unterteilt: Die Akten der Pionierorganisation enthalten vor allem Erziehungspläne, Protokolle zu Lagerüberprüfungen sowie Abschlussberichte der Aktionen zur Feriengestaltung, d. h. vor allem Inhalte zum erzieherisch-ideologischen Konzept. Hingegen dokumentieren die Akten des Amts für Jugendfragen die Entwicklungsgeschichte der einzelnen Lager, von Investitionsanträgen und Ausbauplänen bis hin zu Berichten zum wirtschaftlich-materiellen Zustand der Anlagen. Die begonnene Auswertung beider Bestände ist die wesentliche Basis dieser Publikation.

Weitere Quellen waren zeitgenössische Veröffentlichungen wie zum Beispiel das „Handbuch ‚Unser Betriebsferienlager'" und ähnliche Publikationen. Außerdem wurde das Archiv des Neuen Deutschlands nach Beiträgen zum Thema Ferienlager durchsucht und Textpassagen daraus wurden auszugsweise wiedergegeben. Darüber hinaus wurden weitere Pressearchive auf Veröffentlichungen aus der Tagespresse der DDR, aus Magazinen und Zeitschriften in die Recherche einbezogen.

Nicht ins Buch eingegangen sind hingegen Unterlagen aus der Behörde des Bundesbeauftragten für die Unterlagen des Staatssicherheitsdienstes der ehemaligen Deutschen Demokratischen Republik (BStU). Auch hier lagern noch große Mengen an Materialien, wie eine stichprobenartige Sichtung ergab. Diese Bestände aufzuarbeiten, muss jedoch einem weiteren Projekt vorbehalten sein.

Für die Bebilderung schöpften wir aus dem reichen Fundus des Bundesarchivs und durften das Hausarchiv des Neuen Deutschlands verwenden.

Unser Buch erhebt nicht den Anspruch einer umfassenden Darstellung zur Geschichte der Pionier- und Ferienlager. Es soll Leitmotive eines historischen Phänomens an ausgewählten Beispielen benennen. Das Buch möchte sich verstehen als Verweis auf eine Episode aus der Geschichte der DDR – und vielleicht die eine oder andere Erinnerung hervorrufen – und Erinnerungslücken ein wenig schließen? Eine umfassende wissenschaftliche Arbeit zum Thema steht aus.

Was ist Wahrheit?
Archivmaterialien und persönliche Erinnerungen

Archive sammeln Unterlagen, die vormals zu einem gewissen Zweck und für einen bestimmtem Empfänger erstellt worden sind. Daher spiegeln die Materialien immer nur einen Ausschnitt der Wirklichkeit – nämlich den vom Aussteller der Akten betrachteten. So geben beispielsweise Dokumente über die Vorgaben zur Gestaltung von Ferienlagern lediglich einen Plan wieder. Und was in den Berichten der Lagerleitung niedergeschrieben steht, kann dem Zweck, diesen Plan zu erfüllen, bewusst angepasst worden sein. Dass die Vorschriften für die Reise ins Ferienlager die Mitnahme des Pionierhalstuches vorsahen, heißt noch nicht, dass das Pionierhalstuch von jedem Kind im Ferienlager auch getragen wurde.

Der Historiker muss seinen Blick nach vielen Seiten wenden und mögliche Verzerrungen bedenken, die sich aus dem Bild-, Ton-, Text- oder Fundmaterial, das ihm gerade zur Verfügung steht, ergeben können. Aber auch dies tut er natürlich immer aus seiner Sicht und von dem Standpunkt aus, den er eingenommen hat aus der Erkenntnis seiner Forschung. Er kann Häufigkeit oder Umstände einer Sache oder Begebenheit benennen und werten; Aussagen über ihre Allgemeingültigkeit zu treffen, ist ihm jedoch versagt. Dass in einem Ferienlager nachweislich mit Minipanzern gefahren wurde, lässt nicht auf all die Hunderten anderen Ferienlager schließen. Aber es lässt immerhin Rückschlüsse und Interpretationen zu auf den historischen Raum, in dem so etwas geschieht.

Nicht nur Dokumente, auch Fotos spiegeln nur eingeschränkt die Realität wider, insbesondere die von Berufsfotografen: Oft wurden sie zu besonderen Anlässen aufgenommen, die Abgebildeten kleideten sich für den Fotografen anders, als sie es im Alltag getan hätten, und es wurden spezielle Hintergründe gewählt oder Posen eingenommen. Dies erklärt zum Beispiel den hohen Anteil von Kindern mit Pionierhalstüchern auf den ND-Pressefotografien.

Dieses Buch beruht auf der Auswertung historischer Dokumente zu den Ferien- und Pionierlagern von der Nachkriegszeit bis in die späten 80er Jahre. Doch zwischen Stalin und Gorbatschow, zwischen Ulbricht und Modrow liegt das – oft beschworene und noch mehr beschrittene – weite Feld. In diesem geschichtlichen Zeitraum haben sich die politischen und die wirtschaftlichen Verhältnisse stark gewandelt, so dass viele Aussagen und Wertungen im Kontext der jeweiligen Zeit betrachtet werden müssen.

Den Dokumenten und Fotografien aus Archiven stehen abertausende persönliche Erinnerungen gegenüber. Doch auch diese Erinnerungen können trügerisch sein: Negative Erlebnisse verblassen stärker als positive, alltägliche eher als besondere. Dinge, die ein Kind der DDR als normal, selbstverständlich oder als notwendiges Übel empfand, werden deshalb seltener und nicht im Detail erinnert. Außerdem existieren kaum private Fotos von diesen „offiziellen" Anlässen: zum einen, weil dabei nicht fotografiert werden konnte, zum anderen weil der Anlass nicht interessant genug erschien, um Fotos zu machen. Dies kann erklären, warum Nachtwanderungen, Lagerfeuer und Neptunfest so vielen in Erinnerung geblieben sind – Treffen mit Angehörigen der NVA, Betriebsbesichtigungen oder Fahnenappelle dagegen weniger.

Archivmaterialien und persönliche Erinnerungen ergänzen sich, widersprechen sich mitunter aber auch. Deshalb war es uns wichtig, Zeugnisse persönlicher Erinnerungen von Ferienlagerkindern und -betreuern den Informationen aus den Archiven beizugeben.

Blaue Wimpel im Sommerwind

Liebe Heimat, deine Weiten
Locken uns mit Lerchenschlag.
Seinen Reichtum auszubreiten,
Eilt der junge Sommertag.
Unsre bunten Träume blühen
Wie ein großer Blumenstrauß.
Durch die Heimat wolln wir ziehen,
Frisches Lied, flieg uns voraus.
Blaue Wimpel im Sommerwind
Wehn, wo fröhliche Kinder sind,
Blaue Wimpel im Sommerwind
Über unserem Land.

Feld und Wald sind zu besingen,
Rotes Dach und grüner Klee.
Wir sind mutig und bezwingen
Schroffen Fels und wilde See.
Rings die ernteschweren Auen
Sind vor Freude licht und laut.
Was die Väter kühn erbauen,
Ist uns morgen anvertraut.
Blaue Wimpel im Sommerwind
Wehn, wo fröhliche Kinder sind,
Blaue Wimpel im Sommerwind
Über unserem Land.

Text: Manfred Streubel
Melodie: Gerd Natschinski

Erinnerungen von Zeitzeugen

Angetreten zum Fahnenappell der Erinnerungen!
Ein Interview.
Stefan Wolle, Historiker

In welche Zeit fallen Ihre Ferienlagererfahrungen?
Das erste Mal war ich während der Sommerferien des Jahres 1961 in einem Pionierferienlager. Da war ich im Lager „M.I. Kalinin" am Frauensee. Ich war erst zehn Jahre alt. Trotzdem habe ich an diesen ersten Aufenthalt die intensivsten Erinnerungen, zumal in diese Zeit der 13. August, also die Sperrung der Grenzen zu Westberlin, fiel. Ein Jahr später war ich zusammen mit meinen Mitschülern am Plauer See und 1963 und 1964 in Ferienlagern der „Jungen Naturforscher". Der letzte Aufenthalt war 1964 in Neuglobsow am Stechlinsee. Diese Naturforscherlager – oder Spezialistenlager, wie die damals hießen – hatten einen etwas anderen Charakter. Hier standen weniger Sport, Spiel und Spaß im Vordergrund, sondern Exkursionen durch Wald und Flur. Veranstalter war die Station „Junge Naturforscher" im Pionierpark „Ernst Thälmann" in der Wuhlheide. Trotzdem gab es bei den Naturforschern weder Fahnenappelle noch Politschulungen. Wir waren in Arbeitsgemeinschaften aufgeteilt. Mein Spezialgebiet waren die Lurche und Kriechtiere, speziell die damals schon selten gewordene Rotbauchunke. Ich erinnere mich aber auch daran, dass unsere Gruppe versteinerte Spuren eines vorsintflutlichen Riesenkrebses fand, was als Sensation empfunden wurde. Alles, was ich bis heute über diese Tiere weiß, habe ich damals gelernt.

Inwieweit widerspiegeln diese Aufenthalte in Ferienlagern der Pionierorganisation bzw. der „Jungen Naturforscher", die der FDJ unterstanden, die politische Einstellung ihres Elternhauses und der Erziehung in der Schule?
Die Aufnahme in die Pionierorganisation erfolgte mit dem Schuleintritt, also mit sechs Jahren. Dies war für meine Eltern und insofern auch für mich eine absolute Selbstverständlichkeit. Das betraf jegliche Aktivitäten der Kinderorganisation, so auch die gemeinsamen Fahrten in den großen Ferien. Ein großer Teil der Klasse nahm an diesen Ferienaufenthalten teil, und Lehrer unserer Schule kamen als Erzieher mit.

Welchen Anteil hatte die politische Erziehung im Alltag der Ferienlager?
Man sollte genau differenzieren zwischen damaligen kindlichen Wahrnehmungen und dem reflektierten Rückblick aus der Distanz von über einem halben Jahrhundert. Wenn ich mich recht erinnere, traten die Teilnehmer des Ferienlagers jeden Morgen zum Fahnenappell an. Das blaue Halstuch war Pflicht und wurde sicherlich auch kontrolliert. Dann wurde in einer Art militärischen Zeremoniells die blaue Fahne der Pionierorganisation gehisst. Anschließend

wurde vom Lagerleiter eine kurze Rede gehalten. Dabei ging es um Fragen des Tagesablaufs, auch um Probleme von Ordnung und Sicherheit – um es in der damaligen Sprache auszudrücken. Eine große Rolle spielten irgendwelche Wettbewerbe. Den einzelnen Gruppen wurden Punkte vergeben für den ordnungsgemäßen Zustand der Zeltunterkünfte und den sauber geharkten Eingang. Es wurden aber auch Verfehlungen angesprochen. Einzelne Missetäter mussten vortreten, um sich vor dem versammelten Lager eine Strafpredigt anzuhören. Ich erinnere mich an einen Fall, in dem ein Jungpionier gerügt wurde, weil er angeblich sein Pionierhalstuch nicht in Ehren gehalten, sondern es mit Füssen getreten hätte. Seltsamerweise erinnere ich mich sogar an den Namen des Jungen. Es war ein Schüler einer höheren Klasse unserer Schule. Dennoch wäre es eine unzulässige Rückprojektion, wenn ich behaupten würde, solche Disziplinierungen durch öffentliche Demütigung hätten mich damals gestört.

Wurden bei diesen Fahnenappellen oder bei anderer Gelegenheit auch politische Themen angesprochen?

Wie erwähnt, platzte in den Ferienaufenthalt 1961 die Meldung über den Mauerbau. Ich habe diesen Tag im Prolog meines 2013 erschienenen Buches „Der große Plan“ geschildert und darf einfach mal zitieren: „Das ewige Dröhnen der Tonanlage gehörte zum Lagerleben wie die Kiefern, der märkische Sand und der Badesee. Für einen Zehnjährigen waren es an diesem Morgen die gleichen Parolen wie immer. Bonner Ultras ... Sicherung des Friedens ... Spionagezentrale Westberlin... Schutz der Republik... Doch die Erwachsenen wirkten nervös. Irgendetwas war passiert. Sie standen in Gruppen herum. Einige versuchten aufgeregt, mit Berlin zu telefonieren. Damals schrie man bei Ferngesprächen noch ins Telefon: „Fräulein, verbinden Sie mich mit ...“. Doch die Leitungen waren offenbar hoffnungslos überlastet. Eine der Erzieherinnen, ein hübsches junges Mädchen, heulte laut und hemmungslos. Die anderen redeten auf sie ein, vermochten sie aber nicht zu beruhigen. Irgendwen würde sie nun nicht mehr besuchen können, jammerte sie, waren es ihre Eltern oder ihr Freund?

Dann wurde zum sonntäglichen Fahnenappell getrommelt. Alle traten gruppenweise auf dem Appellplatz an. Es erfolgte die Meldung: ‚Lagerfreundschaft M.I. Kalinin vollzählig angetreten.‘ ‚Für Frieden und Völkerfreundschaft! Seid bereit!! rief der Freundschaftsratsvorsitzende zackig. ‚Immer bereit‘ tönte es im Chor zurück. Alle hoben zum Pioniergruß die angewinkelte Rechte über den Kopf. Auf das Kommando ‚Hisst Flagge!‘ stieg eine blaue Fahne mit dem FDJ-Emblem am weißen Fahnenmast hoch. Dann trat der Lagerleiter nach vorn. Auch er war keineswegs in Jubelstimmung. Doch er erklärte, warum es eine bittere Notwendigkeit gewesen sei, die Staatsgrenze der Republik zu sichern. Jugendliche aus der DDR seien ver-

leitet worden, in Westberlin krumme Geschäfte zu betreiben. In den Grenzkinos würden sie sich Wildwestfilme anschauen. Durch diese primitive Verherrlichung der Gewalt würden sie verroht werden. Manche von ihnen seien in der französischen Fremdenlegion gelandet, um in Algerien ihre Haut zu Markte zu tragen. Schieber und Spekulanten hätten die Läden im Demokratischen Sektor leer gekauft und dadurch Unzufriedenheit gestiftet. Grenzgänger hätten im Westsektor gearbeitet und ihr Geld eins zu vier umgetauscht, aber gleichzeitig von den billigen Mieten, den kostenfreien Gesundheitseinrichtungen und niedrigen Lebensmittelpreisen im Osten profitiert. Die Regierung der DDR sei mit ihrer Geduld am Ende. Vorläufig sei Westberlin gesperrt, erklärte der Lagerleiter. Sollen doch die Schieber, Wechselstubenbesitzer und Menschenhändler unter sich bleiben. Im Grunde sei es vollkommen normal, dass jeder Staat selbst entscheidet, wie er seine Grenzen zu schützen gedenke. Die Rechte der Westalliierten wären von den Maßnahmen der DDR nicht berührt. Übrigens würden sie ja recht gelassen reagieren. Sie sollten sich von dem Frontstadthetzer Willy Brandt nicht verrückt machen lassen.
Auch die Lagerleitung demonstrierte Gelassenheit. Der Tagesablauf im Pionierferienlager würde wie üblich seinen Gang nehmen. Einigen besorgten Eltern, die angerufen hatten, sei gesagt worden, es gäbe hier immer noch genug zu essen, alle Teilnehmer des Durchgangs wären wohlauf, und auch das Wetter verspräche nun allmählich besser zu werden. Fröhliches Gelächter. Wegtreten zum Baden. Die heile Welt der Diktatur war wieder in Ordnung."
Natürlich mischen sich in dieser Schilderung echte Erinnerungen mit späteren Einsichten. Deswegen ist so wichtig, die individuellen Eindrücke mit den damaligen Quellen zu vergleichen.

Gibt es denn außer ihren persönlichen Erinnerungen auch andere Quellen?
Beim Blättern im Neuen Deutschland vom August 1961 fand ich eine Erklärung für die Bemerkung des Lagerleiters. Vier Tage zuvor war Friedrich Ebert, der Oberbürgermeister von Groß-Berlin – wie sich der Ostsektor formell nannte – zu einem Kurzbesuch im Ferienlager am Frauensee gewesen. Aus dem Artikel „Zu Gast bei Ferienkindern" erschließen sich einige Zusammenhänge. Das Zeltlager wurde vom Werk für Fernsehelektronik (WF) Berlin-Oberschönweide als Betriebsferienlager betrieben. In den 103 Zelten verbrachten im zweiten Durchgang 687 Kinder mit ihren 209 Erziehern, Helfern und Betriebsangestellten ihre Ferientage. „Aber von den vielen Kindern sind längst nicht alle zu sehen", berichtet das Zentralorgan. „In Arbeitsgruppen hat sie der Sonnenschein in die idyllische Umgebung gelockt. (...) Es ist inzwischen Mittag geworden. An über 30 langen Tischen sitzen Kinder in dem modernen Speiseraum. Jedes hat eine lange Bratwurst auf dem Teller. Dazu gibt es Kartoffeln, Kraut und Obst. ‚Werdet ihr alle satt, und schmeckt euch das Lageressen?' fragt der

Oberbürgermeister. ‚Ja' ist die Antwort. Und als sie hören, dass die Westberliner Zeitung ‚Der Tag' am Mittwoch geschrieben hat, ihr Lager am Frauensee sei wegen Versorgungsschwierigkeiten geschlossen worden, da lachen selbst die Kleinsten mit. ‚Das ist ja wieder mal eine schöne Ente', ruft ein Mädel laut dazwischen."
Tatsächlich hatte die Westberliner Zeitung „Der Mittag" am 2. August 1961 gemeldet, dass einige Pionierlager in der Umgebung Berlins wegen Versorgungsschwierigkeiten geschlossen und die Kinder nach Hause geschickt worden seien. Im Osten war man über jede Falschmeldung dieser Art hellauf begeistert und spießte sie als so genannte RIAS-Ente auf.

Wie würden Sie im Rückblick die Erfahrungen aus den Ferienlagern zusammenfassen?
Ohne jeden Zweifel waren die Pionierferienlager Teil eines Systems der ideologischen Erziehung der Jugend. Das wurde damals bei jeder sich bietenden Gelegenheit auch so ausgesprochen. Die Tatsache, dass die große Mehrheit der Betroffenen auch heute noch eher schöne Erinnerungen an die Zeit im Ferienlager hatte, steht dazu nicht im Widerspruch. Dabei geht es nicht nur darum, dass ein großer Teil der Freizeitaktivitäten scheinbar unpolitisch war. In der Tat war die Erziehung zu Disziplin, Ordnung, Sauberkeit und körperlicher Leistungsfähigkeit durchaus politisch und ideologisch eingefärbt. Die Ideale, in denen wir damals erzogen wurden, lauteten Kameradschaft, Kollektivgeist, Leistungs- und Lernbereitschaft sowie Freundschaft zu allen Völkern und immer wieder Frieden. Wir wurden geradezu überfüttert mit diesen schönen und teilweise richtigen Idealen. Je tiefer man die Parolen verinnerlicht hatte, desto schmerzhafter war die irgendwann eintretende Erkenntnis, dass Theorie und Wirklichkeit im krassen Widerspruch standen. Das ist allerdings kein Grund, die schönen Erinnerungen an frohe Geselligkeiten, Ballspiele, Tage am Badestand und nächtlichen Wanderungen sozusagen in die Mülltonne zu drücken, wohl aber ein Anlass für eine kritische Einordnung der Methoden der politischen Indoktrination durch ein ideologisch geprägtes System der Erziehung.

Warst Du auch im Ferienlager?

Ein Brief von Stephanie

Liebe Sara,

Du hast mich gefragt, ob ich auch im Ferienlager war? Wenn ich an meine Zeit im Ferienlager denke, dann fällt mir eigentlich nicht so viel ein. Ich war sicherlich dreimal in einem Ferienlager, aber nur das erste ist fester in meiner Erinnerung geblieben.

Es war gar nicht so weit weg von uns zu Hause, sondern lag nahe bei Königs Wusterhausen, in Bindow, an einem See. Ich schaue nicht nach, wie dieser See heißen könnte. Es war höchst-wahrscheinlich ein Betriebsferienlager, welcher Betrieb es war, weiß ich heute nicht mehr, aber ich vermute ganz stark, daß es von der Mitropa war.

Das Lager war nicht groß, wir Kinder waren in einer Baracke untergebracht und ich selber war erst 7 Jahre alt. Wir waren ungefähr 30 Kinder und die Betreuer waren sehr jung. Die Betreuer schliefen in einem anderen Haus, das auf einer Anhöhe lag, in meiner Erinnerung war es gelb und beherbergte auch unseren Speisesaal.

Der Zugang zum See war einzig durch einen Steg möglich und es forderte mich viel Überwindung hinein zu springen. Was nicht besser durch den Druck der anderen Kinder wurde.

Ich erinnere mich an eine Pilzsuche, die von unseren Betreuern damit motiviert wurde, daß es dann abends eine große Pilzpfanne für alle geben würde. Ich war überaus erfolgreich, fand in meiner Erinnerung einen riesigen Steinpilz unter einer Birke, aber die Betreuer aßen dann leider die Pilzpfanne alleine, weil sie es wegen einer möglichen Vergiftungsgefahr nicht verantworten wollten, uns damit zu speisen. Ich war sehr enttäuscht.

Natürlich gehörte es zu solch einem Lager auch immer dazu, daß es Läuse gab und natürlich hatten nach einer Woche alle Kinder Läuse und es gab einen „Läusetag“, alle liefen mit Handtüchern auf dem Kopf herum und das anschließende Haarekämmen mit unseren netten Betreuern, war recht amüsant.

Angerufen hat man seine Eltern in der ganzen Zeit nicht, ich schrieb zwei Postkarten und erhielt auch eine von meinen Eltern.

Vielleicht war ich zu klein, um mir Brieffreundschaften zu suchen, aber Kontakt habe ich zu keinem der Kinder je wieder gehabt. Auch wenn ich vielleicht zu sehr von den Katastrophen berichtet habe, so habe ich doch eine schöne, warme Erinnerung an diese Zeit.

Ganz anders waren da die Erlebnisse meiner Mutter, die in den 1960er Jahren in einem Sommerlager war. Sie hat schauerlich davon berichtet, daß sie stundenlange Fahnenappelle ertragen mußte und mit einem sehr rauhen und unfreundlichen Umgangston konfrontiert war. Sie wurde schlagartig davon krank. Schließlich wurde ihr auch noch vorgeworfen, sie würde nur simulieren.

Ich hoffe Deine Erinnerungen sind auch von sommerlicher Leichtigkeit und Wärme getragen wie bei mir!

Auf ganz bald, Deine Stephanie

Nixen beim Fahnenappell.
Sara L.

Bis ich 15 Jahre alt war, fuhr ich regelmäßig ins Ferienlager. Das erste Mal etwa in der 3. Klasse und das letzte Mal im Sommer 1990, in diesem Sommer wurde ich 15 Jahre alt. Geboren bin ich 1975, ich war 14 Jahre alt, als 1989 die Wende kam.

Ich habe nur sehr vage und teils verschwommene Erinnerungen an meine besuchten Lager. Ich kann mich noch an die Pionierrepublik „Ernst Thälmann" am Werbellinsee erinnern, an ein Ferienlager, das „Ethel und Julius Rosenburg" hieß, an Lager am Milasee und in Biesenthal; an eine Fahrt an die polnische Ostseeküste in den Ort Łeba, an ein Lager, das auf der Festung Königsstein in Sachsen stattfand und an das Jugendlager Groß-Quassow.

Meine Mutter arbeitete als promovierte Germanistin an der Humboldt-Universität in Berlin und mehrere Male bin ich über die Uni in eines der von der Uni organisierten Lager gefahren. Wir sind dorthin mit Bussen gefahren. Daran erinnere ich mich noch. Es hieß damals, es würden alle Kinder von Uni-Angehörigen mitfahren, vom Hausmeistersohn zur Professorentochter. Ich erinnere mich, daß wir uns über die Berufe unserer Eltern austauschten. Mindestens einmal bin ich auch über den Schriftstellerverband mitgefahren. Mein Vater war dort Mitglied. Der Verband organisierte zwar jedes Jahr eine eigene schöne Weihnachtsfeier, auf der zum Beispiel Manfred Bofinger den Kindern Karikaturen zeichnete und es wurden Kinderbücher aus dem Kinderbuchverlag verlost. Aber der Schriftstellerverband unterhielt kein eigenes Ferienlager, weil es zu wenige Kinder gab. Deshalb schlossen wir uns einer anderen Einrichtung an. Ich weiß aber nicht mehr, was das für ein Verband oder Betrieb war.

Auf das Ferienlager habe ich mich immer sehr gefreut! Manchmal verabredeten wir uns mit den anderen Kindern sogar für das nächste Lager, damit wir uns wiedersehen konnten! Es gab in den Sommerferien immer drei Durchgänge. Jeder ging 2 Wochen lang. Und da verabredeten wir uns z. B. für den 2. oder 3. Durchgang, das war sehr aufregend, wenn es klappte. Ich hatte lange noch Brieffreundschaften mit einigen Mädchen aus den Lagern, aber getroffen haben wir uns außerhalb der Lager nie. Wir haben uns auch immer rege gegenseitig in unsere Poesiealben eingetragen!

Ins Ferienlager bekamen wir oft auch Post, meistens von den Eltern und Großeltern. Sie schickten dann Abziehbilder, Lackbilder oder auch Paßfotos von uns mit, damit wir die zum Tauschen haben oder wir klebten sie ins Poesiealbum ein.

Die Zimmer in den Ferienlagern waren einfach, aber ausreichend eingerichtet. Es gab immer Doppelstockbetten und Schränke, da hatte jeder sein eigenes Fach. Wir hatten auch immer einen Tisch, daran wurden Briefe nach Hause geschrieben, manchmal auch Liebesbriefe an einen Jungen aus dem Lager. Die Toiletten und eine Dusche befanden sich immer im Gang und wurden von mehreren benutzt. Jungs und Mädchen schliefen natürlich in getrennten Zimmern, dennoch gab es natürlich untereinander Besuche, besonders, als wir älter wurden.

Ich erinnere mich gern an die Diskos, die stattfanden. Wir Mädels machten uns da sehr zurecht, einige schminkten sich sogar schon mit 13 oder 14 Jahren! Das war sehr aufregend! Wir zogen uns schön an und machten uns die Haare schön. Bei der Disko mußten die Mädels warten, bis die Jungs sie aufforderten. Entweder tanzte man lose voreinander, das war so bei schnellen modernen Stücken wie Michael Jackson, Prince oder Whitney Houston. Richtig schön wurde es aber erst, wenn es später wurde und die langsamen Balladen gespielt wurden. Dann tanzte man eng umschlungen, das Mädchen legte die Hände um den Hals des Jungen und der Junge seine Arme auf die Hüften des Mädchens. Je mutiger er wurde, um so enger zog er sie an sich heran. Das waren unsere ersten Kontakte zu Jungs und beide Seiten waren sehr aufgeregt und zitterten manchmal.

Gegessen wurde immer im großen Speiseraum, im Sommer auch manchmal draußen. Zu trinken gab es eigentlich immer Pfefferminztee in großen Kübeln und aus bunten Plastiktassen. Die spülte man danach gleich in einer Schüssel mit Wasser ab.

Wir spielten oft und gern Tischtennis. Beim „Chinesisch" rannten alle wie wild um den Tisch herum und in jeder Runde flog einer raus. Ich war nie besonders gut darin, meistens siegten immer die gleichen Jungen!

In jedem Sommerlager gab es natürlich die Neptunfeste! Wir zogen uns irgendwie mit wenigen Mitteln um wie Nixen. Die Häscher des Neptuns, der immer auf einem Floß oder Boot angerudert kam, mußten die Kinder einfangen, deren Namen genannt wurden. Diese versuchten, sich zunächst in der Menge zu verstecken und wenn sie gefangen waren, wehrten sie sich buchstäblich mit Händen und Füßen gegen ihre Gefangennahme und die anstehende Prozedur der „Taufe" durch den Neptun. Dazu wurde, nach möglichst ekligem und sadistischem Brauch, eine Brühe aus Ketchup, Senf, Saft, Tee, Salz, Zucker und anderen Zutaten angerührt. Diese wurde dem sich sträubenden „Täufling" dann eingeflößt und danach wurde er ins Wasser geworfen. In meiner Erinnerung hatten alle immer ihren Höllenspaß dabei, aber es war schon recht brutal! Die „Getauften" erhielten dann eine schön gestaltete Urkunde und bekamen so exotische Namen wie „Verschimmelte Seegurke", „aufreizende Meerjungfrau" oder „schimmerndes Seepferdchen".

Wenn das Wetter gut war, waren wir jeden Tag stundenlang baden und ich entsinne mich auch nur an Ferienlager, die an einem See gelegen waren.

Morgens gab es immer Fahnenappell und Frühsport. Da kam man nicht drum herum. Zum Fahnenappell wurde gesungen und die Pionierfahnen am Fahnenmast nach oben gezogen. Und die Lagerleitung sprach über die Vorhaben an diesem Tag. Es gab nämlich neben den Freitagen auch kulturelle Veranstaltungen.

Wir gingen ins Kino oder Puppentheater oder es gab Stadtbesichtigungen oder Kulturnachmittage. Diese Kulturnachmittage waren so gestaltet, daß die einzelnen Gruppen etwas vorführen sollten.
An einen besonders schönen Kulturnachtmittag erinnere ich mich in der Pionierrepublik „Ernst Thälmann". Da waren auch Kinder aus anderen Ländern, vermutlich aus Polen, Tschechien und Rußland. Unsere Gruppenleiterin hatte damals eine Handvoll Mädchen ausgesucht, zu denen auch ich gehörte, die die DDR vertreten sollten. Ich sang das Lied „Wer möchte nicht im Leben bleiben" von Kurt Schwaen und in der Gruppe sangen wir „Unsre Heimat, das sind nicht nur die Städte und Dörfer" und das Volkslied „Wenn alle Brünnlein fließen". Dazu wurden wir auf der Gitarre begleitet. Ich war sehr von den Kulturdarbietungen der anderen Länder beeindruckt, sie spielten Instrumente und tanzten sogar dazu Volkstänze in farbenfrohen Volkstrachten. So etwas Schönes und Aufwendiges hatten wir DDR-Pioniere nicht zu bieten!
In der Pionierrepublik trugen wir zu den Fahnenappellen unsere Halstücher.
Daß ich Heimweh gehabt hätte, daran kann ich mich nicht erinnern. Aber es gab immer Kinder, die abends sehr darunter litten! Die Tränen gab es bei den meisten am Abschiedstag, wenn wir wieder nach Hause fuhren.
Ich erinnere mich, daß es besonders den Jungs viel Freude machte, uns Mädchen Streiche zu spielen. Einmal hatten sie spät abends, als wir schon schliefen, unsere Turnschuhe, die wir schon für den nächsten Morgen für den Frühsport bereitgestellt hatten, genommen und an den Schnürsenkeln zusammengebunden und an den Fahnenmast gehängt. Dafür gab es am nächsten Morgen richtig Ärger von der Lagerleitung! Als Rache stahlen wir die Schlafanzüge der Jungs und nähten sie an Armen und Beinen zu!
Mein vorletztes Ferienlager war im Sommer 1989, das war ein Zeltlager, das wir mit einer tschechischen Gruppe zusammen hatten. Wir schliefen in 2-Mann-Zelten und ich teilte es mit Bianca, die 1 Jahr älter war als ich und schon sehr frühreif war. Sie hatte schon richtig Busen, schminkte sich und sah den Jungs hinterher. Sie weihte mich in manche Geheimnisse der Liebe ein und manchmal in der Mittagspause traf sie sich heimlich mit einem tschechischen Jungen zum Knutschen in unserem Zelt. In der Zeit mußte ich dann natürlich baden gehen oder aber aufpassen, daß kein Erzieher zur Kontrolle kam. Denn das hätte Ärger gegeben! Mit ihr hatte ich noch jahrelang danach Kontakt, wir trafen uns sogar bei ihr in Königs Wusterhausen und als wir im gleichen Jahr unser erstes Kind bekamen, da sahen wir uns oft mit den Kindern.
Mein letztes Ferienlager war an der polnischen Ostsee. Wir waren eine deutsche Gruppe in einem ansonsten polnischen Lager. Ich war sehr verliebt in Maciek, einen polnischen Jungen, mit dem ich mich radebrechend verständigte und auch mit ihm tanzte bei den Diskos. Auch wir haben uns etwa ein Jahr lang noch geschrieben, aber als er mich nach Warschau einlud, hatte ich dann doch nicht den Mut, ihn zu besuchen.

Tagsüber waren wir immer baden in der Ostsee mit den hohen Wellen. Auf dem Markt in Łeba kauften wir uns „Lody"-Eis, schicke Anziehsachen und auch Kassetten von unseren Lieblingsstars. Diese Kassetten in Polen waren sehr billig und wir deckten uns richtig damit ein.
Ich glaube, ab dann gab es keine Ferienlager von der Humboldt-Universität mehr, ich bin jedenfalls nicht mehr gefahren. Es war ja auch schon ein Jahr nach der Wende und vieles veränderte sich.

Zeit der Verantwortung
Horst Gabel, ehemaliger Arbeitsgruppenleiter für Feriengestaltung

Ich bin 1943 geboren, habe Lehre als Rinderzüchter gemacht. Von 1961 bis 1965 leistete ich Armeedienst und entwickelte in dieser Zeit meine Liebe zum Pädagogenberuf. Danach von 1965 Freundschaftspionier bis 1969 und absolvierte nebenbei ein Studium zum Freundschaftspionierleiter und Unterstufenlehrer. Ab 1969 war ich Mitarbeiter der FDJ-Bezirksleitung Potsdam, Arbeitsgruppenleiter Feriengestaltung bis 1976. Und zwischenzeitlich habe ich noch ein Studium an der Humboldt Uni zu Berlin absolviert. 1976 bis 1985 habe ich als Lehrer im Hochschuldienst an der Pädagogischen Hochschule in Potsdam gearbeitet, war unter anderem verantwortlich für die Praktika der Studenten im Ferienlager. Danach war ich ein Jahr verantwortlicher Vorsitzender für Jugendweihe im Bezirk Potsdam und ab 1987 bis zur Auflösung der DDR Fachdirektor für Wissenschaft und Technik im Großhandel-Sport/Technik/Kulturwaren. Insgesamt waren es 20 Jahre Ferienlagertätigkeit, darunter als Lagerleiter und dessen Stellvertreter in 3 verschiedenen Zentralen Pionierlagern, als Freundschaftsleiter, Sport- und Touristikchef, Lektor bei Lagerleiterschulungen des FDGB und Betreuer und Lektor bei Studenten beim Einsatz im Ferienlager.
Aus meiner Sicht waren die Feriengestaltung und die Ferienlager Bestandteil der ganzjährigen Bildung und Erziehung. Bei der Organisierung und inhaltlichen Gestaltung der Ferienlager kamen dem FDGB, den verantwortlichen Betrieben sowie der Jugend- und Kinderorganisation große Bedeutung zu.
Bei der inhaltlichen Vorbereitung der Lagerleiter der Betriebsferienlager wurden durch den FDGB-Bezirksvorstand in Zusammenarbeit mit vielen gesellschaftlichen Organisationen einwöchige Schulungen für die Lagerleiter (oft Betriebsangehörige) durchgeführt. Im Mittelpunkt standen pädagogisch-psychologische Probleme der Kollektiverziehung (Einordnung in die Gruppe, Heimweh usw.), gesetzliche Probleme (Verhalten im Lager u. außerhalb), die Jugend- und Kinderorganisation mit ihrem vielfältigen Möglichkeiten wie Sport, Spiel, Kultur, Symbolik und Traditi-

onspflege und so weiter. Vertreter des Kulturbundes und Mitarbeiter von Forst- und Landschaftsschutz kamen und hielten Vorträge. Oft hatten die späteren Lagerleiter keine pädagogischen oder gesetzlichen Kenntnisse und auch keine Beziehungen zur Jugend- und Kinderorganisation. Diese Schulungen qualifizierten sie mit elementaren Grundkenntnissen. Die Lagerleiter der Zentralen Pionierlager wurden ganzjährig durch die FDJ-Bezirksleitungen qualifiziert.

Der FDJ-Bezirksleitung Potsdam unterstanden drei Zentrale Pionierlager (ZPL): das ZPL „Wilhelm Florin" in Prebelow, Trägerbetrieb Stahl- und Walzwerk Hennigsdorf; das ZPL „Alexander Matrossow" am Störitzsee, Trägerbetrieb „IFA Automobilwerk Ludwigsfelde"; das ZPL „Alexej Maressjew" in Markgrafenheide, Trägerbetrieb „VEB Chemiefaserwerk Premnitz". Für diese drei ZPL trug ich in der FDJ-Bezirksleitung die Verantwortung mit den jeweiligen drei Lagerleitern. In allen drei ZPL übte ich auch die Funktionen vom Lagerleiter, stellvertretendem Lagerleiter, Freundschaftsleiters sowie oftmals die Funktion des Verantwortlichen für Sport und Touristik aus. Das habe ich mit großer Freude gemacht, da den Kindern die Olympiaden, Sportwettkämpfe, Hindernisläufe, Touristikwettkämpfe oder Nachtwanderungen viel Freude bereiteten. Die Wettkämpfe wurden durch mich, aber vor allem mit den Kindern zusammen vorbereitet und durchgeführt. So wurden kleine Vorbereitungsstäbe zur organisatorischen und materiellen Absicherung gebildet, Urkunden und Pläne vorbereitet.

Auch im Betriebsferienlager der Pädagogischen Hochschule Potsdam in Glowe war ich einige Jahre in den Funktionen wie stellvertretender Lagerleiter oder Verantwortlicher für Sport- u. Touristik tätig. Dieses Lager war kleiner als die ZPL und ich konnte viel individueller mit den Kindern arbeiten. So entstanden unter meiner Leitung Natur- und Touristik Lehrpfade, Indianerdorf, Sportstätten.

Für die Organisation der ZPL waren die FDJ-Bezirksleitung und die nachfolgenden Kreisorganisationen verantwortlich. In jedem Jahr wurde durch den Zentralrat der FDJ, Abt. IP/ Schuljugend, für die gesamte DDR mit ihren ZPL und Betriebsferienlagern die zentrale Ferienlosung mit deren Inhalt vorgegeben. Daraus wurden dann in den Bezirken die inhaltlichen Zielorientierungen in Form von Führungskonzeptionen erarbeitet oder vorgegeben. Danach erarbeiteten die Leiter der ZPL ihre Führungskonzeption, die dann die inhaltliche Vorgabe zur Gestaltung eines frohen Ferienlebens war.

In diesen Konzeptionen wurden alle Bereiche des vielseitigen Ferienlebens lagerspezifisch mit den vielen Besonderheiten festgehalten. Oft fuhren die Lagerleiter der ZPL in die Kreise und bereiteten die Kinder auf das, was sie erwartet, vor. Somit konnten sich die Kinder ganzjährig auf ihren Aufenthalt im ZPL freuen.

Gab es irgendwelche Probleme, war ich in meiner Funktion als Verantwortlicher für die Feriengestaltung der erste Ansprechpartner, der dann diese Probleme zu lösen hatte. Die drei ZPL

waren entsprechend den damaligen Verhältnissen relativ gut ausgestattet und wurden kontinuierlich in ihrer Ausstattung durch die Trägerbetriebe verbessert bzw. modernisiert. Sie bestanden anfangs noch teilweise aus Zeltlagern, Bungalows und Barackenlagern. Die zentralen Gebäude wie Funktionsgebäude, Küchen, Speiseräume, Toiletten waren feste Gebäude. Durch die ständigen Investitionen durch die Trägerbetriebe wurde auch der Ausbau der Schlafstätten möglich. So wurde das ZPL Störitzsee von einem Zeltlager zum Baracken- und Gebäudelager umgebaut. Das führte zwar teilweise zum Verlust der Romantik; die gesellschaftliche Entwicklung erforderte aber diesen Fortschritt. Somit waren unsere drei ZPL immer auf dem neuesten Stand der Ausstattung und Anlagen. Die drei Trägerbetriebe haben alle möglichen Anstrengungen unternommen, um ihrer Verantwortung als materieller Träger der Ferienlager gerecht zu werden. Die Ferienkinder mussten somit nur ihre persönlichen Sachen wie Kleidung und Hygieneartikel mitbringen.
In den ZPL gab es drei Mahlzeiten täglich, die oftmals durch die Kinder, die Küchendienst hatten, organisiert wurden. Auch die Versorgungsentscheidung trugen die Kinder in der gebildeten Küchenkommission. Hat es mal einen Engpass in der Versorgung gegeben, zum Beispiel bei Obst und Gemüse, so wurde ich durch die Lagerleiter informiert und ich leitete sofort über den Rat des Bezirkes Maßnahmen ein. Aus meiner Sicht war eine gute Versorgung abgesichert.
Die Kinder sind mit Bussen, Zügen und der Bahn und auch teilweise mit privaten Fahrzeugen angereist, immer in Begleitung von verantwortlichen Personen. Die gesamten Aufenthaltskosten wurden überwiegend von staatlichen Stellen getragen. Die Unkosten waren gestaffelt nach Aufenthalt im Lager und vor allem nach der Zahl der Kinder in der Familie. Somit wurden Kinder aus kinderreichen Familien bevorzugt bedacht und der Unkostenbeitrag war sehr gering.
Die Aufenthaltskosten für Gebäude, Energie, Wasser wurden durch die Trägerbetriebe bzw. Rat des Bezirkes getragen.
Die Leitung und Besetzung von Planstellen im Ferienlager war sehr unterschiedlich. So wurde der Leiter des ZPL von der FDJ-Bezirksleitung gestellt. Die anderen Kräfte wie Küchenbesetzung, Wirtschaftsleiter, Hausmeister, Wachpersonal (teilweise), Rettungsschwimmer, Kraftfahrer usw. wurden durch die Trägerbetriebe gestellt und bezahlt. Die Leitungen der Kinderkollektive bestanden aus Lehrern und Pionierleitern der delegierenden Schulen sowie aus Studenten oder Mitarbeitern der FDJ-Kreisleitungen. In den Betriebsferienlagern waren es dagegen vorrangig Arbeiter aus den jeweiligen Betrieben, aber auch Studenten und Pädagogen kamen dort zum Einsatz. Auch sie wurden durch Schulungen ca. eine Woche durch verantwortliche Mitarbeiter des FDGB Bezirksvorstandes eingewiesen. Die Bezahlung des Personals erfolgte durch die verantwortlichen Betriebe. Es gab häufige Besprechungen zur Vorbereitung, Durchführung und Auswertung der inhaltlichen Gestaltung. Die eingesetzten Personen und Funktionäre im Feri-

enlager übernahmen mit sehr viel Elan, Freude und Hingabe diese verantwortlichen Aufgaben. Der inhaltliche und organisatorische Tagesablauf gestaltete sich nach geplanten Gruppen- und Tagesplänen, die bereits in der Vorbereitungszeit abgesprochen und aufgestellt wurden, oft mit den Kindern gemeinsam. Die vorgegebenen Möglichkeiten und lagerspezifischen Angebote wurden dabei berücksichtigt, konnten aber auch variabel gestaltet werden.

Zentrale Veranstaltungen wie Ausflüge, sportliche Wettkämpfe, kulturelle Programme, Ablegen von Touristenabzeichen, Diskos, Neptunfeste, Abschlussfeiern usw. waren Bestandteil der Planungen und Teilnahme im Ferienlager. Sowohl die Freundschaftsleitungen als auch die Zentrale Lagerleitungen verfassten zum Abschluss der Feriengestaltung Auswertungsberichte, um Schlussfolgerungen für den nächsten Feriensommer zu zielen. Positive Dinge wurden übernommen oder verbessert bzw. ausgebaut.

Auch die Traditionen und die politischen Inhalte der FDJ und der Pionierorganisation wurden beachtet. So wurden die Symbole der Organisation zu Appellen, Freundschaftstreffen, eventuelle Wachen usw. getragen, denn sie waren ja Bestandteil des ganzjährigen Bildungs- und Erziehungsprozesses.

In den drei ZPL kamen überwiegend geschlossene Klassen oder Arbeitsgemeinschaften sowie Clubs usw. unter. Diese stellten in den FDJ-Kreisleitungen bzw. Bezirksleitungen ihre Anträge und Wünsche für die einzelnen Lager. Nach einem Auswahlprinzip wurde dann der Belegungsplan erstellt und auf der Ferienkonferenz bekannt gegeben. Anerkennung fanden dabei besondere Leistungen der Schüler in der Schule bzw. in der außerunterrichtlichen Tätigkeit (AGs, Clubs, Sportgemeinschaften usw.). Auch ausländische Delegationen von Kindern und ihren Betreuern waren ständige Teilnehmer am Lagerleben. (z.B. aus der Sowjetunion, Polen, ČSSR und BRD).

Die Lagerteilnehmer wurden gruppenweise, oft mit ihren Betreuern, in den entsprechende Unterkünften wie Bungalows, Zimmern und Zelten untergebracht. Sie wurden in das tägliche Lagerleben durch bestimmte Aufgaben wie Tischdienste, Lagerwachen, Ordnungsdienste und Materialbeschaffungsdienste einbezogen und erhielten dort ihre Aufgabenstellung.

Um die Ordnung und Sauberkeit im Lager und in den Unterkünften herzustellen, gab es innerhalb des Lagers Wettbewerbe mit einem sichtbaren Punktsystem. Diese Wettbewerbe und das Punktsystem wurden von den Kindern gestaltet und kontrolliert.

Die Ein- und Unterordnung in das tägliche Lagerleben wurde von den Kindergruppen als normal angesehen und bei eventuellen Verstößen kam es zu Aussprachen. Mir ist in meiner langjährigen Tätigkeit nur ein Fall bekannt, wo ein Junge aus disziplinarischen Gründen nach Hause geschickt wurde.

Die medizinische Betreuung in allen drei ZPL wurde durch Ärzte und Krankenschwestern, die durch die Trägerbetriebe gestellt wurden, abgesichert. So existierten in allen drei Lagern entsprechende Krankenstationen mit den dazugehörigen Krankenzimmern usw.

Neben vielen Anekdoten und Geschichten ist mir eine besonders im Gedächtnis geblieben. Es passierte im Jahre 1980 im Kinderferienlager in Glowe. Mir fiel schon am 3. Abend auf, dass ein kleines Mädchen, ca. 9-10 Jahre, abends abseits von der Gruppe allein auf einem Baumstamm saß und sehr traurig war. Ich nahm mich der Kleinen an, ging mit ihr ca. 50 m zum Ostseestrand und lenkte ihre Gedanken auf das Rauschen der Wellen und auf den Gesang der Vögel usw. Ganz nebenbei erzählte sie mir, weshalb sie so traurig war: Sie konnte sich nicht mehr erinnern und vorstellen, wie ihre Mutti und ihre kleine Schwester aussehen. Die innere Beziehung beim Gute-Nacht-Sagen fehlte ihr. Nach weiteren Hinweisen und Vorstellungen zur Natur durch mich lächelte sie und sagte: „Ich gehe jetzt zu meiner Gruppe und bin nicht mehr traurig." Nach einem Gespräch meinerseits mit der Gruppenleiterin bekam dieses Mädchen ein Kuscheltier von ihrer Mami geschickt und hatte bis zum letzten Lagertag viel Freude am Lagerleben. Beim Abschied drückte mich dieses Mädchen und schenkte mir ihr Kuscheltier. Dieses Beispiel zeigte mir u.a., dass ich den richtigen Beruf gewählt hatte.
Abschließend sei festgestellt, dass die Feriengestaltung in der Form der Ferienlager voll und ganz in den ganzjährigen Bildungs- und Erziehungsprozess integriert wurde. Für mich persönlich war es ein Glück diesen Entwicklungsweg gewählt zu haben, denn bis zum heutigen Tage treffen sich einmal jährlich ehemalige verantwortliche Kollegen der Feriengestaltung im damaligen ZPL Prebelow (Kinderland). Hier erinnern wir uns an die schöne verantwortungsvolle Zeit im Ferienlager.
Von den drei ZPL wird nur ZPL Prebelow weiter als Kindererholungsstätte genutzt. Schade!

Eine Lagererinnerung

Ilko-Sascha Kowalczuk, Historiker

Als ich so 8, 9, 10 Jahre alt war, kannte ich nur gleichaltrige oder ältere Kinder, die sich Jahr für Jahr im Frühjahr auf kaum etwas so freuten wie auf das im Sommer anstehende Sommerferienlager. Das waren die Gleichen, die auch einer Klassenschulfahrt schon wochenlang vorher mit größter Vorfreude und Aufregung entgegenfieberten. Auch meine fast fünf Jahre ältere Schwester gehörte dazu. Und wenn sie denn zurückkamen aus den Lagern der Freude und unentwegten Abenteuer, schienen ihre Erzählungen darüber auch nicht ansatzweise erfassen zu können, was sie dort vierzehn Tage lang Aufregendes erlebt hatten. Und immer kamen sie mit neuen Freunden zurück. Ferienlager schienen das Paradies auf DDR-Erden zu sein. Befeuert wurden diese Eindrücke noch durch Spielfilme wie „Sieben Sommersprossen", das war 1978: Junge und Mädchen lernen sich in einem Ferienlager kennen und entdecken die große Liebe.

Ein DEFA-Klassiker, der es sich leisten konnte, die Abläufe im „Lager“ als reglementiert anzudeuten. Nicht umsonst hießen die Ferieneinrichtungen „Lager“: Ein an militärische Ordnung erinnernder durchorganisierter Tagesablauf mit Frühsport und allerlei ähnlichen Beschwernissen.
Ich fuhr auch in ein Ferienlager. Im Jahr 1974, ich war sieben Jahre alt, schickten mich meine Eltern irgendwohin in ein Betriebsferienlager. Ich wunderte mich über den Namen. Meine Eltern arbeiteten beide nicht in Betrieben. Meine Mutter war Unterstufenlehrerin, mein Vater Angestellter in einem Industrieministerium. Ich zuckelte nun mit vielen anderen Kindern mit einem Zug oder Bus, ich kann mich nicht erinnern, durch die Gegend.
In einer wunderschönen Gegend kamen wir an, bezogen Zimmer in einem heruntergekommenen, aber funktionierenden alten Schloss mit einem riesigen Park. Das beeindruckte mich sehr. Ich lebte nun in einem Schloss, so wie meine Oma irgendwo im Norden an der Küste in einem „Feierabendheim“ genannten Schloss ihren Lebensabend genießen durfte. In meinem Zimmer schliefen etwa 20 weitere Jungs, alle waren älter. In einen Spind sollte ich meine Sachen aus dem Stoffkoffer mit buntem Karomuster hineinstopfen. Ich ließ das sein, packte nichts aus, zog mich wohl auch nie um. Ich habe das wohl gut gemeint, damit meine Mutter keine unnötige Arbeit mit der Wäsche hätte. In dem großen Schlosszimmer kehrte nie Ruhe ein. So oft auch die Erzieher, wie sich die Betreuer nannten, nachts in den hallenden Raum hineinbrüllten, so oft schallte es auch wieder heraus. Nach zwei, drei Tagen war ich mit meinen Nerven am Ende und weinte nur noch. Wahrscheinlich haben wir lustige Ausflüge unternommen, Manöver- und Geländespiele betrieben, Fußball gekickt, gebadet. Ich kann mich nicht erinnern. Auf dem Schlossgelände standen Ruinen und baufällige Wirtschaftsgebäude herum, in die wir nicht hineingehen sollten. Ich tat es dennoch. In einem modrigen Haus quakten Kröten, fette, laute Kröten. Daran erinnere ich mich.
Meine Eltern hatten es gut gemeint. Sie glaubten auch bis ganz zuletzt, dass es die Regierung in ihrem Land eigentlich nur gut meint und dass die ganzen Probleme nicht an der Regierung lägen, sondern an vielen anderen Umständen. Als ich älter wurde, stritten wir darüber viel und heftig und irgendwann ließen wir auch das lieber sein, um uns nicht ganz zu verlieren. Meine Eltern waren liebevoll genug, um mich nicht völlig aus den Augen zu verlieren. Ich kam 1967 auf die Welt und aß kein Fleisch, keinen Fisch, trank keine Milch, all das eben, was wir heute als vegane Ernährung kennen. Bei uns hieß das noch vegetarisch und galt als sonderlich und vor allem als sehr, sehr anstrengend. Meine Mutter gab ihr Bestes, um mich satt zu bekommen. Im Ferienlager als Nicht-Esser von so vielen Nahrungsmitteln gelandet zu sein, war, woran wohl meine Eltern, als sie sich eine Auszeit von mir nahmen und mich fortschickten, nicht gedacht hatten, eine Höchststrafe für mich. Denn im Lager hieß es

immer, was ich von zu Hause nicht kannte: Es wird gegessen, was auf den Tisch kommt – und zwar alles! Das hatten meine Eltern wohl nicht bedacht. Ihnen blieb nichts anderes übrig, als eine heilige Regel der Ferienlagervorschriften zu verletzten, mein Vater war da sehr erfinderisch und engagiert, wenn es darum ging, das Richtige zu tun.
Wie schon oft, etwa wenn ich, was häufiger vorkam, mit einigermaßen undefinierbaren Krankheitsbildern in Krankenhäusern herumlag und insbesondere mein Vater sich nicht an die restriktiven Besuchszeiten (mittwochs und am Wochenende) hielt und ein- und ausging, um mich zu besuchen, wie es ihm und mir beliebte. Auch dort musste ich immer aufessen und erbrach dann mehr, als zuvor in meinen kleinen Körper hineingeschoben worden war. Mit 12 Jahren musste ich mal wegen meiner Krankheiten zur Kur fahren, auch dort galt die Devise, was auf den Tisch kommt, muss aufgegessen werden. Ich wollte unmittelbar nach der Ankunft deshalb zurück nach Hause, was man mir mit dem Hinweis versagte: Dann müssen Deine Eltern diese teure Kur bezahlen, was ich sofort glaubte. Also blieb ich mehrere Wochen lang und erbrach mich zwei bis drei Mal am Tag und schrieb jeden Tag meinen Eltern eine Karte oder einen Brief, in denen es fast ausschließlich ums Essen ging – und das waren keine frohen Botschaften, wie ich jetzt nochmals nachlesen konnte.
Doch zurück zum Ferienlager: Ich litt. Das blieb den Erziehern nicht verborgen. Nach wenigen Tagen standen auf einmal meine Eltern im Schloss. Ich traute meinen Augen nicht. Sie besuchten mich aber gar nicht, wie ich annahm, sie nahmen meinen Stoffkoffer mit dem karierten Muster an sich, schlossen mich in ihre Arme und flüsterten mir liebevoll ins Ohr: nichts wie weg hier, Du darfst mit nach Hause kommen. Wir fuhren dafür sogar eine lange Strecke mit einem Taxi, was sehr ungewöhnlich war. Aber der nächste Bahnhof mit einer Zugverbindung in Richtung Berlin lag nicht gerade um die Ecke. Es war herrlich, es war ein Festtag, es war für mich ein Tag der Liebe, der nie mehr aus meinem Herzen verschwand.
Ich musste nie wieder in ein Sommerferienlager fahren. Ich fuhr aber ein paar Mal in ein Winterferienlager, daran habe ich nur gute Erinnerungen – mein Vater war Betreuer, sehr geschickt bot er mir Schutz, ohne dass es jemand bemerkte, ohne dass er mich bevorzugte, aber ich war sicher vor den Anmaßungen. Auch Klassenfahrten ersparten mir meine Eltern, wenn ich nicht fahren wollte. Die größte Lagerherausforderung allerdings wartete noch auf mich. Der Einzug zum Pflichtwehrdienst in eine Kaserne hieß bei meinen Freunden und mir immer nur – „wir müssen ins Lager“. Jeder von uns hätte diesen Aufenthalt liebend gern gegen ein Ferienlageraufenthalt eingetauscht. Nun erschien selbst mir diese andere Lagerzeit eher paradiesisch.
Auch Erinnerungen, so lernte ich, sind immer nur relativ. Sie sind immer subjektiv, sind weder wahr noch falsch, zumal wir uns irgendwann stärker an Erinnerungen erinnern denn an die

eigentlichen Ereignisse. Wenn ich an meine kurze Ferienlagerzeit zurückdenke, so fallen mir fette, lautquakende Kröten und ein heruntergekommenes Schloss ein, das übrigens nach 1990 durch die öffentliche Hand finanziert saniert wurde und seither in alter Pracht blüht. Die verschiedenen Lager in der DDR sagen manches über das Land aus, in dem sie standen. Und wie wir uns an die Lager erinnern, sagt so manches darüber, wie wir uns an dieses verflossene Land erinnern. Ich trauere diesen Lagern nicht nach, akzeptiere aber, wenn andere Menschen andere Erinnerungen pflegen.

Im Kinderferienlager

Claudia R.

Das erste Mal im Ferienlager war ich im Sommer 1979. Es waren meine ersten Sommerferien, ich war also noch nicht ganz acht Jahre alt. Von da an fuhr ich jedes Jahr in den Sommerferien fast immer in das gleiche Ferienlager. Ab der vierten Klasse durfte ich sogar auch in den Winterferien mitfahren. An diese Zeit habe ich viele sehr schöne Erinnerungen.
Es begann fast immer an einem Samstagmorgen gegen sieben Uhr. Wir trafen uns in Berlin in Nähe des Alexanderplatzes. Von dort fuhren wir mit mehreren Bussen los. Oft erkannte ich schon vor der Abfahrt einige Kinder aus den Vorjahren und so war schon die ca. vierstündige Busfahrt überhaupt nicht langweilig. Wir teilten die Erlebnisse der letzten Monate genauso, wie die von Mutti mitgegebenen Stullen, Süßigkeiten und das Obst.
Als wir dann die lange Busfahrt hinter uns hatten, lag noch ein ca. zwei Kilometer langer Fußmarsch vor uns. Die Busse konnten wegen der unbefestigten Straße nicht direkt bis zum Ferienlager fahren. Also marschierten wir mit unseren Campingbeuteln los. Die Koffer mit unserem „großen" Gepäck wurden separat ins Lager gebracht. Angekommen trafen wir uns alle auf dem großen Platz zwischen Bettenhaus, Scheune und Verwaltungsgebäude zur Gruppenaufteilung. Für alle, die sich bereits auskannten, war das ein Moment der Aufregung. Mit wem werde ich in den nächsten drei Wochen das Zimmer und meine Erlebnisse teilen? Einmal eingeteilt, war der Wechsel in eine andere Gruppe meist nicht mehr möglich. Die Gruppen waren nach Mädchen und Jungen getrennt, jedoch altershomogen. Mit unserem Gruppenleiter/in bezogen wir dann die Zimmer, die Mädchengruppen im Ober-, die Jungen im Untergeschoß des Bettenhauses. In jedem Zimmer gab es Platz für ca. 10 Kinder. Wir schliefen in Doppelstockbetten. Es gab in diesem Ferienlager Platz für ca. 180 bis 200 Kinder. Jede Gruppe hatte einen Gruppenleiter/in im Alter zwischen ca. 22-28 Jahren.

Schnell wurden Freundschaften geschlossen oder festgestellt, mit wem man sich wohl nicht so gut vertragen werden wird. Immer zwei teilten sich einen Schrank. Gleich wurden die Koffer ausgepackt. Mutti hatte im Kofferdeckel ein Inhaltsverzeichnis festgeklebt, sodass im besten Fall alles Mitgebrachte am letzten Tag auch wieder den Weg in den Koffer fand.

Im Verwaltungsgebäude, quer über den Hof, nahmen wir die Mahlzeiten ein. Es wurde in zwei zeitlich aufeinander folgenden Durchgängen gegessen. Morgens gab es Brötchen, Butter, Marmelade, Wurst und Käse. Ich freute mich immer schon sehr auf die Leberwurst, so leckere gab es zu Hause nicht. Dazu gab es Kakao oder Tee. Das Mittagessen war gut. Meist gab es einfache Gerichte wie Nudeln mit Tomatensoße, Kartoffeln mit Spinat und Ei oder süß-saure Eier mit Kartoffelbrei. Nicht immer hat mir alles geschmeckt, aber einige der Küchenfrauen kannten mich schon, und so ermunterten sie mich, eben nur das zu essen, was ich mochte. Ab und an bekam ich zu meinen Kartoffeln eben einfach ein Stückchen Butter. Zum Abendessen gab es Brot mit Wurst und Käse aber auch Gemüse wie Tomaten, Gurken, Möhren oder Kohlrabi. Ich erinnere mich an ein lustiges Erlebnis im Speiseraum. Der eigentliche Anlass ist mir leider nicht mehr in Erinnerung geblieben. Wir saßen also gruppenweise an Tischen und plötzlich flog eine Scheibe Mortadella über den Tisch. Prompt ging unter großem Gejohle und Getöse eine Schlacht mit Wurst, Käse und Broten los. Es dauerte natürlich nicht lange und dem Treiben wurde durch die Gruppenleiter ein jähes Ende bereitet. Die gesamte Gruppe musste sich anschließend in einem Gruppengespräch in Anwesenheit des Lagerleiters erklären. Dort war dann natürlich die Rede von Kindern auf dieser Welt, die hungern müssten, von schlechtem Gewissen und Versprechen darüber, nachzudenken, sich bessern zu wollen und, dass so etwas natürlich nicht wieder vorkommen würde. Zur Strafe reinigten wir am nächsten Morgen den Speiseraum, wischten die Tische und trugen die Bioabfallkübel in den Stall. Das war für einige der Mädchen natürlich keine wirkliche Strafe. Gab es doch in diesem Stall auch Pferde. Am Ende sprang für unsere Gruppe sogar eine extra Reitstunde mit den Pferden heraus. Auf einer großen Wiese durfte jeder, der wollte, an einer langen Leine reiten.

Eigentlich gab es fast täglich irgendein Highlight. Zu dem sehr großen Gelände des Ferienlagers gehörte auch eine große Koppel, die während der Ferien in einen großen Sportplatz umfunktioniert wurde. Hier fand dann auch das große Sportfest statt. In jeder Altersgruppe wurden die besten Sportler gefunden und am Abend in der Scheune im Rahmen einer Sportlerdisco mit Urkunden ausgezeichnet.

Discos fanden in der Scheune in diesen drei Wochen mehrmals statt. Dort fanden wir dann auch schnell das Interesse am anderen Geschlecht. Wir tanzten zusammen und schlossen erste Freundschaften. Manchmal wurden Verabredungen getroffen, nachts zu versuchen, sich im nahe gelegenen Hexenhäuschen zu treffen. Ich erinnere mich, dass es mehrere Versuche gab, nach der allgemeinen Nachtruhe ins Untergeschoss zu den Jungen bzw. auf den Hof zu gelangen. Meist saß auf dem Flur ein Gruppenleiter/in zur Nachtwache. Also versuchten wir, einen Weg aus dem Fenster mittels zusammengeknoteter Bettlaken bzw. an der Regenrinne entlang, zu finden. Ob dies jemals jemandem gelungen ist, entzieht sich meiner Kenntnis. Mir gelang es jedenfalls nicht und ich habe es aufgegeben, nachdem wir erwischt wurden und ich im Flur Kniebeugen machen musste, bis mir die Muskeln in den Oberschenkeln zitterten.

Ich habe mich dann lieber tagsüber im Hexenhaus getroffen. Um dieses verfallene kleine Häuschen am Rande des Ferienlagergeländes rankten sich einige gruselige Geschichten, die vermutlich der Fantasie meiner Ferienlagerfreunde vergangener Jahre entsprungen waren und von Jahr zu Jahr in modifizierter Form weitererzählt wurden.

Ein weiterer Höhepunkt war das Neptunfest. Auf dem Hof zwischen Bettenhaus und Verwaltungsgebäude gab es auch einen Swimmingpool. Dort fand dann jedes Jahr dieses Neptunfest statt. Vom ersten Tag der Ferien an war ich darum bemüht, bei meiner Gruppenleiterin weder positiv noch negativ aufzufallen. Meist war das der Grund, bei der Auswahl des zu Taufenden auf der Liste ganz oben zu stehen. Das war aus meiner Sicht jedoch nicht erstrebenswert. Schließlich wurde man im Rahmen dieser Neptuntaufe gefangen, mit widerlich stinkenden Flüssigkeiten gefüttert und ins mitunter sehr kalte Wasser geschmissen und das Ganze unter großem Gejohle und Trara der übrigen Lagerteilnehmer. Am Abend fand dann meist wieder eine Disco statt, in der es auch Ferienlagerhochzeiten gab. Dort wurden Mädchen und Jungen, die sich „gefunden" hatten, „auf Zeit" bis zum Ende des Ferienlagers verheiratet.

Ein weiteres Highlight war die jährliche Nachtwanderung. Wieder gruppenweise, zogen wir nach Einbruch der Dunkelheit los. Es galt, eine ca. fünf bis sechs Kilometer lange Runde um das Ferienlager zu beschreiten. Vorher wurden die im Konsum vom spärlichen Taschengeld gekauften Taschenlampen natürlich eingesammelt. Also zogen wir, anfänglich noch mit lautem Gesang, los. Durch eine nahe gelegene Furt hinauf in Richtung Friedhof. Alle hatten wohl schon gehörige Angst. Aber vorher ging es durch eine dunkle Schonung. Dort wurden wir einzeln im Abstand von ca. 50m losgeschickt und von einigen Gruppenleitern, die sich versteckt hatten, tüchtig erschreckt. Nach der Schonung sammelten wir uns wieder und liefen in absoluter Ruhe über den Friedhof. Dann ging es weiter durchs Dorf und wieder zurück in Richtung Ferienlager. Dort hatte der Verwalter mit der örtlichen Freiwilligen Feuerwehr bereits den großen Grill angeheizt und es gab für alle eine echte Thüringer Bratwurst im Brötchen mit Senf oder Ketchup. Wer dann wollte, konnte aus dem Dach eines Nebengebäudes in das Sprungtuch der Feuerwehr springen. Einige entschieden, in dieser Nacht schon mutig genug gewesen zu sein, ich wollte es jedoch wissen und habe es nicht bereut, gesprungen zu sein. Das war immer ein sehr toller Abend und ich bin mir sicher, dass jeder anschließend in seinem Doppelstockbett, egal ob oben oder

unten, sehr stolz auf sich und mit einer gehörigen Portion Selbstbewusstsein, eingeschlafen ist. Vormittags gab es an jedem Tag auch Post. Einige erhielten bereits vom ersten Tag an Postkarten oder Briefe von zu Hause. Ich hatte natürlich auch gleich an alle Tanten, Onkel, Omas und Opas meine Adresse geschickt und auf Post gewartet. Es dauerte in der Regel nicht lange, bis ich Antwort bekam. Am besten war es natürlich, wenn den Grüßen aus der Heimat auch das ein oder andere „Scheinchen" beilag. Das wurde dann im Konsum in Süßigkeiten oder bei Ausflügen zu Sehenswürdigkeiten der Umgebung in Souvenirs angelegt.
Die Scheune auf dem Gelände war eigentlich das zentrale Gebäude im Ferienlager. Hier spielten wir uns beim Tischtennis (chinesisch) schwindelig, schauten Kinofilme wie „Die Olsenbande", „Der elektrische Reiter" oder „Zwiebel-Jack" und tanzten zu aktueller Musik. Und so war die Scheune auch am letzten Tag der Ort, an dem sich die Wege unserer Ferienlagerfreundschaften wieder trennten. Wenn man Glück hatte, konnte man ja noch die Heimfahrt im Bus neben der besten Freundin oder dem Freund sitzen und sich sogar für das nächste Jahr verabreden. Nicht selten konnte man den Satz hören: „Ich fahre im nächsten Sommer im zweiten Durchgang, vielleicht sehen wir uns!"

In der Pionierrepublik
Claudia R.

Im Frühling des Jahres 1985 wurde ich für einen Zeitraum von sieben Wochen in die Pionierrepublik Wilhelm Pieck delegiert. Ich freute mich auf den Aufenthalt in der Schorfheide. Ich war vierzehn Jahre alt und kannte bis zu diesem Zeitpunkt das Gefühl von Heimweh nicht, obwohl ich vorher schon unzählige Male drei Wochen lang weg von zu Haus im Ferienlager gewesen bin. Da sollten doch wohl auch sieben Wochen kein Problem sein.
Während dieser Zeit hatte ich dort ganz normal Schule. Es war ein neues Schulgebäude mit vielen Fachkabinetten auf neuestem Stand. Wir wurden dort in den gleichen Fächern, wie zu Hause auch unterrichtet. Wir wohnten in den Häusern der Pionierrepublik aufgeteilt in Gruppen. Jede Gruppe wurde dann noch in Brigaden aufgeteilt. Der Alltag bestand aus vielen interessanten Veranstaltungen und man war immer mit anderen gleichaltrigen Pionieren zusammen. Der Tag war absolut strukturiert und man hatte eigentlich nie lange Weile.
Jeder Pionier führte ein so genanntes Räte-ABC. Dieses Heft war Tagebuch und Wissensspeicher in einem. Hier wurden Erlebnisse ebenso wie aktuelle Zeitungsartikel und Lobe und Auszeichnungen, die man erhielt eingetragen. Zum besseren Verständnis, wie sich der Alltag gestaltete, möchte ich hier gern auszugsweise aus diesem, meinem Räte-ABC zitieren:

„14.04.1985 ... als wir ankamen, waren wir erstaunt, dass das Lager größer ist, als wir es uns vorgestellt haben. Wir dachten nicht, dass es hier auch einen Konsum und eine Post gibt. Viele Schüler hatten uns schon etwas aus der Pionierrepublik erzählt. Trotzdem waren die eigenen Eindrücke ganz anders. Uns gefällt es auch, dass hier sehr viele Pioniere aus anderen Bezirken sind. Dadurch kann man unter sich viele Erlebnisse austauschen. Wir haben die Pionierrepublik schon von vielen Seiten kennen gelernt. Eine Umstellung war für uns die exakte Ordnung. Doch wir sehen ein, dass es bei so vielen Pionieren notwendig ist. Beeindruckend war für uns auch die mongolische Jurte, die Bibliothek, der Zoo und das Pioniercafé.
Durch das Kulturprogramm der einzelnen Brigaden lernten wir uns schon etwas besser kennen. Mir gefiel auch der 99. Geburtstag von Ernst Thälmann, also das Meeting. Die Gesprächsrunde nach dem Meeting mit den sowjetischen Antifaschisten war sehr beeindruckend.
Die Eröffnungsveranstaltung im Kinosaal war auch sehr schön. Denn dort konnte man viel Wissenswertes über den Pionierauftrag erfahren. Beim Massensingen lernten wir auch vier schöne Lieder kennen. Unsere erste Sportstunde war sehr schön. Schade ist bloß, dass wir 60 Pioniere in einer Sporthalle sind. Trotzdem machte sie viel Spaß ...

19.04.1985 ... wir hatten Kurs bei B., wo wir uns über die Aufgaben des Gruppenrates und des Freundschaftsrates unterhielten. In diesen Kursstunden kann man seine Erfahrungen austauschen. Mir gefällt auch, dass man hier immer die Trommel (Zeitschrift) erhält. Der Unterricht in der Schule hier macht viel Spaß, weil die Kabinette schön ausgestaltet sind. Das Pioniercafé am See ist auch sehr schön. Langsam wird das Wetter auch etwas freundlicher ...

21.04.1985 ... es war der Tag der jungen Techniker und Naturforscher. Zu diesem Tag begrüßten wir viele Gäste. Am Vormittag konnten wir im Pionierhaus, in der Schule und auf den Wegen der Pionierrepublik basteln, knobeln, spielen, funken, K-Wagen fahren und vieles andere mehr. Dann gab es Mittag (Schweinebraten). Um 14:00 Uhr trafen wir uns dann zu einer Gesprächsrunde mit einem Mann aus Marxwalde. Er erzählte uns viel über die Arbeit eines Fliegers. Andere Pioniere, die nicht so an diesem Thema interessiert waren, konnten zu anderen Gesprächsrunden gehen, z. B. zum Werk für Fernsehelektronik oder zum Walzwerk. Dieser Tag war sehr schön ...

22.04.1985 ... heute war ein ganz normaler Schultag. Nach dem Unterricht gingen wir zum Mittag und es gab Hefeklöße mit warmer Kaltschale. Es schmeckte sehr gut, deshalb aßen wir auch alle sehr viel. Dann „kullerten" wir in unsere Zimmer und holten das Englisch-Zeug. Damit bewaffnet zogen wir in die Schule und sahen die Fernsehsendung „English for you" ...

28.04.1985 ...heute war unser Besuchstag. Wir standen dann alle auf (wie immer), machten Frühsport, hatten Hausappell und gingen dann zum Frühstück. Dann warteten alle sehnsüchtig auf ihre Eltern. Wir durften aber natürlich nicht aus dem Haus. Sonst wäre sicher ein großes Chaos von Autos und Pionieren am Tor entstanden. Schließlich kam dann auch mein Vati, meine Mutti, meine Schwestern und meine Omi. Wir unterhielten uns dann und bald ging ich mit meinem Vati in die Schule, wo die Elternversammlung stattfand. Als wir dann von der Elternversammlung kamen, setzten wir uns alle ins Auto und fuhren nach Hause. Dort aßen wir Kuchen und tranken Kaffee. Dann packte ich mir noch einige Sachen zusammen. Nun hieß es, sich verabschieden. Naja, der Abschied tat weh, aber ich habe es überstanden. Dann fuhr mein Papi mich wieder her. Dies war ein schöner Tag...

01.05.1985 ...am 1. Mai waren wir alle zur großen Maidemonstration. Wir marschierten von der Pionierrepublik bis nach Altendorf. Dort hatten wir dann ein Meeting. Da hielt ein Mann eine Rede (die ziemlich lang war). Danach marschierten wir alle wieder zurück. Diese Maidemonstration wird mir sicher noch lange in Erinnerung bleiben, da ich sonst nur an Demonstrationen in Berlin teilnahm...

07.05.1985 ...Teilnahme an der Manifestation anlässlich des 40. Jahrestages des Sieges der Sowjetunion über den Hitlerfaschismus in Berlin Treptow... Wir zogen unsere vollständige Pionierkleidung an, mit der wir dann um 16:30 Uhr zum Bekleidungsappell gingen. Dort kontrollierten die Pionierleiter dann die Vollständigkeit unserer Pionierkleidung. Um 17:15 Uhr gab es dann Abendbrot. Leider aß ich nicht sehr viel, da ich keinen Hunger hatte. Nach dem Essen gingen wir sofort zu den Bussen. Sie fuhren um 18:00 Uhr los. Die Busse bildeten eine große Kolonne (27 Busse). Als wir dann ankamen, mussten wir zuerst sitzen bleiben. Dann stiegen wir aus dem Bus aus und formierten uns in den Reihen. Alle FDJ-ler standen schon mit ihren Fackeln da. So stellten wir uns vor die FDJ-ler und es bekam jeder eine Nelke. Dann fing das Meeting an. Man begrüßte Gäste aus der UdSSR und anderen Ländern. Erich Honecker stand auch auf der Tribüne. Zuerst erklangen die Nationalhymnen der UdSSR und der DDR. Dazu machten wir selbstverständlich den Pioniergruß. Dann hielten einige Persönlichkeiten wie z. B. Eberhard Aurich eine Rede. Nun legten wir unsere Nelken auf den Massengräbern nieder. Der ganze Appell dauerte ca. eine Stunde. Wir fuhren danach dann mit unseren Bussen wieder los. Um 1:00 Uhr früh waren wir dann in unseren lang ersehnten Betten...

11.05.1985 ...heute am Vormittag hatten wir einen Lumpenfußball. Wir verkleideten uns alle, sodass einige sehr komisch aussahen. Die Mannschaften spielten im Stadion der Pionierrepublik.

Als unsere Gruppe spielte, gewannen wir jedes Mal. Das kann aber auch durch den sehr guten Fanclub kommen. Am Nachmittag hatten wir einen großen Orientierungslauf (so ähnlich, wie ein Manöver) der, so glaube ich, allen großen Spaß gemacht hat. Unsere Mannschaft belegte den 1. Platz. Ich glaube wirklich, dass alle es sehr interessant fanden...

18.05.1985 ...heute hatten wir eine schöne Bootsfahrt. Auf dem Dampfer „Thälmann-Pionier" begrüßte uns die Bootsbesatzung recht herzlich. Wir fuhren dann über den Werbellinsee. Ein Mann der zweiköpfigen Besatzung erzählte uns vieles Wissenswerte über den Werbellinsee. Am Nachmittag hatten wir eine Modenschau (wie immer brigadeweise) unter dem Thema „Aussehen im 21. Jahrhundert". Auch zu diesem Thema ließen sich wieder alle hübsche Modelle einfallen. Zum Schluss wurden dann die besten Brigaden ausgezeichnet...

24.05.1985 ...heute war unser letzter Schultag. Zuerst hatten wir zwei Stunden Kurs. Also in dieser Zeit hatten wir erst ein Gespräch über dieses Pionierlager hier (wie es uns hier gefallen hat usw.). Dann spielten uns einige Pioniere etwas auf ihren Instrumenten vor. Zwischendurch sangen wir auch einige Lieder. Dann arbeiteten wir noch ca. eine Stunde an unserem Räte-ABC. Um 10:00 Uhr gingen wir dann zur Schule. In der ersten Stunde hatten wir Mathe bei Frau M. Wir rechneten erst noch ein paar Aufgaben zur Übung der Kreisberechnungen und dann lösten wir Knobelaufgaben. In der zweiten Stunde hatten wir Russisch. Frau S. zeigte uns Dias über die Pionierstadt Ungarns. Nun kam auch schon die letzte Stunde. Geschichte bei Hr. M. Wir hörten uns ein sehr interessantes Stück von Beethoven an. Es handelte vom Sieg der Engländer über Napoleon (Wellingtons Sieg). Das war die Schlacht bei Vittoria. Am Nachmittag war dann die Abschlussveranstaltung auf der die vorbildlichsten Pionierkollektive ausgezeichnet wurden. Unsere Gruppe bekam diesen Titel aber leider nicht...

27.05.1985 ...heute packten wir dann unsere Koffer. Ich bekam alles ohne Mühe hinein, sodass ich sogar noch Schulzeug mit einpacken konnte. Am Abend hatten wir dann um 18:45 Uhr Duschen und um 19:30 Uhr Koffereinweisung. Dort sagte man uns, wie wir den Kofferanhänger anhängen und ausfüllen müssen und noch andere wichtige Dinge..."
Ich denke, diese Auszüge geben einen kleinen Einblick in das Leben in der Pionierrepublik. Es sind meine persönlichen und subjektiven Eindrücke, die ich unmittelbar am nächsten oder spätestens übernächsten Tag im Alter von 14 Jahren schriftlich festgehalten habe. Rückblickend möchte ich bemerken, dass ich wirklich viele schöne, für damalige Verhältnisse besondere und aus heutiger Sicht wohl eher fragwürdige Erlebnisse hatte.

Erinnerungen an die Feriengestaltung in der DDR

Hans-Jürgen Müller

Ich wurde im 1951 geboren. Ab der 2. Klasse habe ich an den von der Schule angebotenen „Örtlichen Ferienspielen“ teilgenommen. Von 1962 bis 1966 hatte ich die Möglichkeit, zusätzlich in einem Ferienlager in Karlshagen an der Ostsee bzw. mit unserem Fanfarenzug oder der Handballmannschaft im Zentralen Pionierlager „Heinrich Rau“ in Groß-Köris zu verbringen. Wer mich und meine Kumpels damals ausgewählt hat, weiß ich nicht mehr. Jedenfalls waren wir nicht alle „Waisenknaben“ mit guten schulischen Leistungen und waren hervorragende Pioniere.
Während meiner Schulzeit an der EOS (Erweiterte Oberschule) habe ich in den Ferien für zwei Wochen an meiner ehemaligen Schule als Betreuer bei den „Örtlichen Ferienspielen“ gearbeitet. Ob ich außer dem freien Mittagessen noch einen Obolus erhalten habe, kann ich nicht mehr sagen. Ich habe diese Wochen als Vorbereitung auf meinen ursprünglichen Berufswunsch als Lehrer betrachtet.
Nach dem Studium an der Offiziershochschule war ich an der Polizeischule Potsdam als Lehrer in der Erwachsenenqualifizierung tätig, bevor ich 1974 als Offizier für Jugendfragen der Bezirksbehörde der Volkspolizei (BDVP) Potsdam eingesetzt wurde. In den folgenden fast zehn Jahren war ich als Mitglied der Ferienkommission der Behörde sehr intensiv mit der Vorbereitung und Durchführung des Betriebsferienlagers der Polizei im Bezirk Potsdam befasst. Es befand sich in Rottstiel amTornowsee bei Alt-Ruppin, hatte eine Kapazität von circa 240 Plätzen und wurde für die Kinder der Angehörigen der BDVP und deren untergeordneten Dienststellen jeden Sommer in drei Durchgängen betrieben. Die Unterbringung erfolge in Zelten. Der Speiseraum und die sanitären Anlagen befanden sich in festen Gebäuden. Die Plätze waren sehr begehrt und immer ausgebucht.
Die Ferienkommission war mit Vertretern vielfacher Bereiche der Behörde besetzt, die in irgendeiner Weise mit dem Ferienlager zu tun haben könnten. Der Leiter der Kommission war aber kein Politoffizier, sondern ein einflußreicher Offizier der Versorgungsdienste. Dort waren auch jeweils die Lagerleiter und der vorgesehene Wirtschaftsleiter tätig. Sie kümmerten sich um die Ausgestaltung der Verträge zur reibungslosen Versorgung und Bereitstellung der Verpflegung. Die bauliche Instandsetzung und die ständige Erweiterung insbesondere der Gemeinschaftsanlagen vom Speiseraum bis zu den Sanitäranlagen lag in den Händen eines weiteren Mitgliedes. Ein weiterer Mitarbeiter kümmerte sich um die Reinigung der Gemeinschaftszelte und anderer Anlagen.
Eine komplizierte Aufgabe der Ferienkommission bestand darin, möglichst gerecht die vorhandenen Kapazitäten an Ferienlagerplätzen auf alle Dienststellen zu verteilen und dabei noch die vorgesehene Altersstruktur und das Verhältnis Jungen/Mädchen zu beachten.
Sehr wichtige Aufgaben in der Vorbereitung und vor allem in der Durchführung hatten der Offizier der Feuerwehr und der Offizier des Medizinischen Dienstes. Die Einhaltung des

Brandschutzes und der Hygiene standen bei jeder Begehung des Ferienlagers in der Vorbereitung und Durchführung im Mittelpunkt. An den Beratungen nahm auch jeweils der ausgewählte Lagerleiter und natürlich eine Vertreterin der Abteilung Finanzen teil. Auch bei den Kontrollen durch die Mitglieder der Ferienkommission standen Hygiene, Brandschutzauflagen und die Einhaltung des Finanzplanes im Mittelpunkt.

Auf der Grundlage einer langfristigen Vereinbarung mit der Pädagogischen Schule für Kindergärtnerinnen Luckenwalde wurden die Betreuer ausgewählt. Jeder Durchgang war mit 30 Praktikantinnen zu besetzen. Aus den höheren Studienjahren bekamen wir Bewerbungen für andere Funktionen, wie Freundschaftsleiter, Touristiker, Sport- oder Kulturfunktionäre. Bei Bedarf konnten wir auf Bewerbungen aus dem Institut für Lehrerbildung Potsdam zurückgreifen.

Bevor das Ferienlager beginnen konnte, bauten Angehörige der Bereitschaftspolizei die 30 Unterkunfts- und ca. 10 „Funktionszelte" auf, gemeinsam mit den Tauchern der Feuerwehr säuberten sie den Badebereich. Wir waren in der Behörde durch diese breite, unkomplizierte Hilfe und Unterstützung sehr gut gerüstet.

Wenn ich die Personen zur Betreuung und Versorgung der Kinder aus dem Bestand der BDVP zu dem studentischen Personal dazu zähle, waren insgesamt ca. 50 Personen pro Durchgang tätig. Während Krankenschwester, Rettungsschwimmer/in und Feuerwehrmann mit den Durchgängen wechselten, waren der Lagerleiter, sein Stellvertreter, der Wirtschaftsleiter und das Küchenpersonal den ganzen Sommer vor Ort. Es bedurfte schon einer großen Portion Enthusiasmus, acht Wochen von der Familie getrennt Dienst zu tun. Deshalb wurden z.B. in dieser Zeit Familienheimfahrten oder Besuche von Familienmitgliedern im Ferienlager organisiert. Als praktisch hatte es sich erwiesen, wenn beide Familienangehörige im Lager sein konnten.

Nun komme ich zu meiner hauptsächlichen Funktion in der Ferienkommission: zur staatlichen, politisch-ideologischen Beeinflussung der Betreuer und Kinder, wie Sie das bezeichnen würden. Meine Anwesenheit, die auch viel meiner eigentlich dienstfreien Zeit umfasste, da ich bei fast jedem Höhepunkt des Lagerlebens vor Ort zu sein hatte, galt nicht der Gängelung der Betreuer, sondern vor allem der überörtlichen Koordinierung mit den beteiligten Akteuren. Sie wurde vom jeweiligen Lagerleiter und seinem Team sehr geschätzt.

Auf der Grundlage einer staatlichen Direktive für die Ferienlagergestaltung hatte ich gemäß einem geforderten Rahmenerziehungsplan auf bestimmte Jubiläen aufmerksam zu machen, z. B. auf Jahrestage der Gründung der DDR, runde Geburtstage der Pionierorganisation, den Geburtstag von Thälmann, den „Tag der Volkspolizei". Diese Vorgaben seitens des Bildungsministeriums bzw. des Zentralrates der FDJ waren die gleichen wie in der Schule.

Welche Höhepunkte sah der Rahmenerziehungsplan für die Gestaltung des Lagerlebens vor?

Das obligatorische Neptunfest. Die Gestaltung übernahmen die Betreuer und Kinder selbstständig und waren dabei sehr erfinderisch. Das große Lagerfeuer musste mit der örtlichen Feuerwehr abgestimmt werden. Das Sportfest in unüblichen olympischen Disziplinen wurde durch die Betreuer jedes Mal mit vielen Ideen vorbereitet. Für die Einladung berühmter Sportler zu diesem Ereignis war ich verantwortlich. Welches Kind hat schon einmal eine Olympiamedaille in der Hand gehabt oder wurde von einem Weltmeister für seine sportliche Leistung beglückwünscht?

Die Bergfeste wurden nach „altem Rezept" mit immer wiederkehrenden Sketchen und viel Musik vorbereitet. Dabei habe ich sicher nicht auf die „60 zu 40 Regel" der gespielten Musiktitel geachtet. Es war aber schon erstaunlich, wie textsicher die Kinder waren, obwohl ihre Eltern jedes Quartal eine Anweisung zum Verbot des Empfangs von Westmedien unterschrieben hatten. Im Übrigen kannte ich die meisten Titel auch …

Der „Tag der Volkspolizei und Feuerwehr" verlangte einen größeren Umfang in der Vorbereitung und Durchführung. Die Kinder waren begeistert, konkrete Dinge aus der Arbeit ihrer Eltern zu erleben. So stellten Verkehrspolizisten ihren Streifenwagen vor, die Schutzpolizisten demonstrierten das Können eines Hundes, die Kriminalisten erklärten die Arbeit mit einem Fuß- oder Fingerabdruck oder das Entstehen eines Fahndungsfotos, die Feuerwehr fuhr mit Blaulicht und der Drehleiter auf das Gelände und verteilte zum Abschluss Bonbons aus luftiger Höhe.

Einen Sonntag im Durchgang gab es Besuch von Leninpionieren aus der Garnison Potsdam, die wir mit dem Bus der BDVP abholten. Höhepunkt dieses Besuches war immer ein Fußballspiel. Zweiter Bestandteil des Tages war die gegenseitige Vorführung eines Kulturprogrammes.

Für mich nicht nachvollziehbare Kritik gibt es heute um die Pioniermanöver oder Touristiktage. An diesem Tag hatten die Kinder die Möglichkeit, das beliebte Touristenabzeichen zu erwerben. Dazu gehörten ein Geländemarsch mit Karte und Kompass, die Überwindung eines Hindernisses mit einem Tau, Entfernungsschätzen oder auch Luftgewehrschießen und ähnliche Aktivitäten. Dieser Tag hatte aber absolut nichts mit der 1978 in der DDR eingeführten vormilitärischen Ausbildung zu tun. Die Kinder hatten weder eine Uniform an, noch mussten sie eine Schutzmaske tragen, noch konnten sie an einer Sturmbahn üben, weil es die im Ferienlager gar nicht gab.

Mit den aufgezählten zentralen Höhepunkten im Rahmenerziehungsplan war aber das Lagerleben weder eingeschränkt noch ausgefüllt. Natürlich standen weiterer Sport, z.B. das Baden, Spiel und Spaß auf dem Plan der Gruppen. Ein Durchgang im Ferienlager war z.B. ohne Nachtwanderung nicht denkbar.

In diese Aktivitäten ordneten sich auch der in jedem Durchgang anwesende Veteran und Widerstandskämpfer ein. Entsprechend seines Gesundheitszustandes war er immer mittendrin,

manch einer sogar auch im Fußballtor oder Akteur beim Neptunfest. Sonderveranstaltungen für sein Auftreten wurden nicht geplant. Wichtig waren die Unterhaltungen der Kinder mit ihnen. Die größten Spielverderber für das Lagerleben waren dauerhaft schlechtes Wetter oder Langeweile wegen Ideenlosigkeit in einzelnen Gruppen. Nicht immer wurde dabei der Nerv eines Einzelnen getroffen, aber der Gruppenwunsch sollte akzeptiert werden.
In einem Ferienlager mit 200 bis 1000 Kindern wurden natürlich auch hohe Anforderungen an Ordnung und Disziplin gestellt. Bewährt hatte sich ein Wettbewerb für die beste Ordnung in den Zelten und ähnliche Kriterien. Für die Sieger winkte eine besondere Würdigung in Form einer Dampferfahrt oder eines Kinobesuchs. Ein erfolgreiches Mittel war immer die breite Einbindung der Kinder und deren Ideen in die Vorbereitung und Durchführung der Aktivitäten des Lagerlebens genau wie bei der Übernahme bestimmter Aufgaben, wie Lagerwache, Brandschutzgruppe oder Tischdienste.
Wie war das nun mit den Fahnenappellen? Es gab sie zur Lagereröffnung, bei einem zentralen politischen Ereignis und zum Abschluss. Das waren keine ausgedehnten Veranstaltungen, die an die Physis der Kinder gingen. Ein einfaches Antreten zum Beginn des Touristiktages oder zu Beginn oder Siegerehrungen des Sportfestes ordne ich allerdings nicht als Appell ein.
Am Ende eines jeden Durchgangs waren wir stolz, alle betreuten Kinder gesund an die Eltern übergeben zu können. Allerdings konnte auch ich nicht die Fragen der besorgten Eltern beantworten, wo denn ihr Sohn das Rauchen gelernt hat oder woher der Knutschfleck der Tochter kommt. Dazu haben wir auch keine „Nachforschungen" betrieben ...
Nach ca. 10 Jahren übernahm ich eine neue dienstliche Aufgabe und damit endete auch meine Tätigkeit in der Ferienkommission. Nachdem ich mich für die Tätigkeit im Feriendienst begeistert und das Zentrale Ferienlager/Pionierlager des MdI (Ministerium des Inneren) „Ho Chi Minh" in Kuhlmühle im Kreis Wittstock kennengelernt hatte, strebte ich eine Versetzung dorthin an. Aber erst Anfang 1990 wurde mir eine Leitungsfunktion dort angeboten, die ich euphorisch annahm. Das Ferienlager war wesentlich größer, immerhin 1000 Kinder in einem Durchgang, aber ich konnte mich auf ein eingespieltes Stammpersonal verlassen. Dennoch war die erste – und letzte – Saison im Zentralen Ferienlager schwierig. Studenten/innen und Praktikanten wollten plötzlich ein festes Gehalt. Und wir mussten gegen ein weiteres neues Phänomen ankämpfen: Aus vorherigen Jahrgängen oder anderen Einrichtungen kannten wir eigentlich die gängigen Späße, wie Schuhcreme oder Zahnpasta an den Klinken. Doch nun, unter dem Deckmantel der neugewonnenen Freiheit, endeten die „Späße" in Vandalismus und in der Konfrontation mit teilweise überforderten Betreuern.
Im September des Jahres 1990 begriff ich erstmals, wie blauäugig meine Entscheidung war, nach Kuhlmühle zu wechseln. Die Nachricht der Schließung des Ferienlagers bzw. des Ferien-

heimes hätte mich doch bei ein wenig Nachdenken nicht überraschen dürfen. Im November hieß es plötzlich, Kuhlmühle wird Erstaufnahmeeinrichtung für Spätaussiedler. Als Betriebsleiter war ich rund 100 Tage dafür verantwortlich. Dann wurde mir gekündigt. Meine rote Überzeugung würde nicht zu ihrer schwarzen Einstellung passen.

Das Gelände in Kuhlmühle wurde ab der Jahrtausendwende von der Bundeswehr als Kommandantur genutzt. Jetzt stehen die riesigen Gebäude leer. Den neuen Besitzer kenne ich nicht.

Wir sind zurück nach Potsdam gezogen. Als Rentner muss ich heute meine Rente im Sicherheitsgewerbe aufbessern. Trotzdem bin ich stolz auf meine Lebensleistung, die ich mir auch nicht von Leuten mies machen lasse, die zu dieser Zeit noch mit Schnatterinchen und Pittiplatsch zu Bett gegangen sind, aber uns angeblich mit besserem Wissen Gedächtnislücken einreden wollen.

... damit uns der „FEIND“ nicht sieht.

Ferienlager in Klausheide.

Susan L.

Ich bin 1977 in Berlin-Mitte geboren. Meine jungen Eltern hatten sich getrennt, als ich fünf Jahre alt war. Seitdem wohnte ich beim meinem Vater und seiner neuen Frau und meinem Halbbruder. Ich wurde 1982 in Berlin-Friedrichshain eingeschult. Ich hatte mich ab der 1. Klasse immer auf die acht Wochen Sommerferien gefreut. Den Hauptteil der Sommerferien verbrachte ich im Ferienlager oder bei meinen geliebten Großeltern. Ferien bedeuteten für mich Anerkennung, Wertschätzung, geregelte Strukturen, Beschäftigung und Zeit mit Freunden aus aller Welt.

Jedes Jahr bin ich für 14 Tage oder gar vier Wochen nach Neuruppin, nach Klausheide bei Neuruppin, und im Anschluss in ein weiteres Ferienlager wie „Wilhelm Pieck“ am Werbelinsee, Plau am See oder nach Prerow gefahren.

Einige Wochen vor den Ferien, kam mein Vater mit der Zusage von seinem Arbeitgeber nach Hause. Mein Vater war MfS-Mitarbeiter der Nachrichtentechnik und seine zweite Frau war Küchenpersonal in der Kantine der Stasi-Zentrale. In der Ferienlagereinladung war immer eine ausführliche Packliste enthalten. Die Eltern wurden vorab aufgefordert, ihren Kindern jede Woche mindestens einen Brief zu schreiben. Das Ferienlager in Klausheide war nur für Kinder von MfS-Mitarbeitern, also der Kinder von der Staatssicherheit. Die Eltern konnten so in Ruhe ihrer Arbeit nachgehen und wußten ihre Kinder gut untergebracht.

Vor der Reise musste jedes Kleidungsstück mit meinem Namen beschriftet werden. Am Kofferdeckel hing immer meine Packliste in einer Plastiktüte, damit ich später bei der Abreise alle Sachen wieder nach Hause brachte. Ich hatte immer einen großen braunen Lederkoffer, der gepackt unendlich schwer war. Auf dem Koffer stand meine Busnummer, der Gruppenname und mein Name; damit ich ihn auch immer wieder fand.
Start war der Parkplatz vor dem Dynamo-Sporthotel am heutigen Sportforum Berlin. Die gelben Busse standen bereit, die Koffer wurden vor den Bus abgestellt. Die FDJler nahmen uns am Bus in Empfang und wir sind nach einer unendlich langen Verabschiedung von den Eltern abgefahren. Im Bus gab es schon die erste Einweisung und Belehrung. Für mich haben sich die Fahrten immer sehr lang angefühlt. Auf dem Weg zum Ferienlager wurden immer wieder Pausen eingelegt und noch ein Konzentrationslager oder Gedenkstätte besucht. Angekommen in dem Ferienlager, trafen wir uns alle am Fahnenplatz. Hier wurden uns die Gruppenleiter vorgestellt und wir konnten die vielen, vielen Kinder sehen.
Hier lernten wir auch Kinder aus den anderen Ländern kennen. Ich kann mich erinnern, daß Kinder aus Polen, der ČSSR, aus Russland, Ungarn und so weiter dort waren; wir hatten aber dann später im Lager nicht so viele Berührungspunkte.
Jede Gruppe hatte ihren eigenen Bungalow. In der Mitte des Bungalows war der Schlafraum für die Betreuer und links und rechts waren die Zimmer der Schüler. In jedem Zimmer gab es drei Doppelstockbetten aus Holz, einen kleinen Tisch, vier Stühle und Schränke. Die erste Aufgabe der Teilnehmer war es, einen Gruppennamen demokratisch festzulegen und den Vorgarten dementsprechend mit Naturmaterialien zu dekorieren. Es wurden uns die Gruppenregeln erklärt: Jeden Tag wurde die Ordnung in den Räumen und das Verhalten der Teilnehmer bewertet und die Punkte für die Tagesaufgaben verteilt und auf einem Torkennsystem offiziell festgehalten. Am Ende des Ferienlagers hat der Sieger eine Urkunde erhalten und konnte einen Kinoabend gewinnen.
Jeden Morgen wurden wir mit den Lied: „Der kleine Trompeter" über die Lautsprecher geweckt. Jetzt hieß es: raustreten und Frühsport für alle Kinder und Betreuer. Nach dem Sport sind wir mit unseren Waschtaschen in die Waschräume geflitzt, um uns für den Tag zurechtzumachen. Die Zeit war knapp bemessen: Nach dem Frühsport rechtzeitig zum Frühstück und im Anschluss rechtzeitig zum Fahnenappell inklusive dem blauen Pioniertuch zu gelangen. Auf dem Fahnenappell wurden Lieder der Jungpioniere oder Lieder der anderen Länder gesungen. Die dabei erreichten Bewertungspunkte für die Gruppen wurden vergeben oder vereinzelt Kinder auch öffentlich getadelt.
Getadelt wurde gerne, wenn die Kinder aus den einzelnen Gruppen abends nicht zur Ruhe gekommen sind. Bekannte Sanktionen waren, nachts im Schlafanzug vor den Bungalow treten

und im Stehen die Arme gestreckt nach vorne halten oder Kniebeugen machen. Jedes Kind wurde eines Besseren belehrt, hier schnell angepasst zu sein. Nach dem Fahnenappell wurde die Gruppenpost an die Kinder verteilt. Jedes Kind erhielt zwei bis vier Briefe im Ferienlager. Nur ich nicht! Das schmerzte nicht nur mich, sondern auch die Betreuer, die mir jeden Tag sagten: „Morgen erhältst Du bestimmt Post".

Die Betreuer glaubten aber selten daran, daher haben sie dann eine andere Gruppe aufgefordert, mir eine Postkarte zuschreiben, damit ich nicht mehr so traurig war. Ich habe es als Kind nie verstanden, warum ich keine Post erhalten habe, ich hatte doch allen aus meiner Familie geschrieben.

Ich konnte aber nie lange grübeln. Jeder Tag war straff durchgeplant. Das Besondere an diesem Ferienlager war, dass wir als Kinder wie kleine Soldaten behandelt wurden. Hier konntest du wer sein. Bei guter Leistung hast du Anerkennung erhalten. Ich hatte immer große Freude an den Armeetagen. Einen ganzen Tag lang haben wir Armee gespielt. Morgens gab es eine Aufgabe. In den Wald zu gehen zum Beispiel. Dort gab es den nächsten Hinweis für die Gruppe. Wir mussten Fährten lesen, Codes knacken, mit Pfeil und Bogen auf Papptiere schießen. Waffen gab es viele zu sehen. Wir haben mit echten Pistolen und Gewehren geschossen. Wir sind mit Gasmaske und voller Ausrüstung auf den Boden langgerobbt, damit uns der „FEIND" nicht sieht. Kleine Panzer konnten wir bestaunen und wir wurden geschult im Umgang mit dem Feldtelefon. Wir hatten die Umwelt genau zu beobachten, kleinste Details konnten für die Erfüllung der Tagesaufgabe von hoher Wichtigkeit sein. Es gab viele Gruppenübungen. Besonders geschätzt wurden die Nachtübungen: zu zweit durch den Wald laufen ohne Taschenlampe. Auf der Strecke gab es Hindernisse oder verletzte Puppen.

Das Neptunfest fand immer in der Mitte der Ferienlagerzeit statt. Wir Kinder hatten über Tage hin Naturmaterialien für die Gestaltung von einem Kostüm gesammelt und mit der Gruppe zusammen die Kostüme dann gebastelt. An dem Neptuntag hatten wir unsere Körper grün angemalt und über der Badebekleidung unser Kostüm gezogen. Wir Kinder saßen alle am Strand und riefen Neptun herbei. Dieser kam mit seinen Helfern auf einem Ruderboot an das Ufer gefahren. Die Helfer hatten aus Essensresten eine sehr eklige Brühe bereitet. Einige Kinder wurden aufgerufen, diese wurden von den Helfern gefangen und ihnen wurde mit Gewalt die Brühe in den Mund gegossen. Der Neptun hat dann den neuen Namen: „grüne schleimige Wasserechse" und so etwas verlesen. Zum Schluß sind alle Teilnehmer in den See gesprungen und haben ausgiebig geplanscht.

Bei gutem Wetter sind wir jeden Tag in den See baden gegangen. Es gab dort eine Badeaufsicht, diese hatte uns Kinder in Gruppen eingeteilt: Nichtschwimmer, Halbschwimmer und

Schwimmer. Die Schwimmer durften immer bis zur Begrenzung raus schwimmen. Nichtschwimmer konnten im Ferienlager ihr Schwimmabzeichen ablegen. Es wurde jeden Tag in irgendeiner Form Sport gemacht. Es waren auch Kinder aus den Sportschulen anwesend, vor allem von Dynamo. Es gab einen großen Mehrzweckraum. Hier konnten wir täglich trainieren für unser Sportfest. An den Turngeräten wurden kleine Aufführungen geprobt. In der Ferienlagerzeit hatten wir auch unser nächstes Sportabzeichen abgelegt. Ich hatte mir viele kleine Verletzungen zugezogen. Alle Kinder konnten mit ihren Verletzungen immer auf die Krankenstation gehen. Hier gab es Krankenschwestern und einen Arzt, die unsere Verletzungen ärztlich versorgten. Ein paar Pioniere absolvierten dort eine Ausbildung als Sanitäter.
Die Kinder aus den anderen Ländern haben wir am Abend beim Lagerfeuer oder beim Essen in der großen Kantine getroffen. In der Kantine wurde gruppenweise gegessen. Jede Gruppe hatte einen Tischdienst. Dieser hatte die Wurst- und Käseplatten, den Pfefferminztee auf den Tisch zu stellen und ihn zu decken. Nach dem Essen war es die Aufgabe vom Tischdienst, die Tische abzudecken und abzuwischen. Ein weiteres Amt war der Ordnungsdienst. Dieser war für die Ordnung auf dem Gelände zuständig. Hier wurden Papier und Müll gesammelt.
Höhepunkte im Ferienlager waren die Ausflüge in die nahe gelegenen Städte oder Kleinstädte. Hier sind wir von Laden zu Laden gezogen, um unser Taschengeld auszugeben, Postkarten zu kaufen, kleine Mitbringsel für die Familie zu kaufen.
Am Abend wurde ein Trompetenlied gespielt, damit die Teilnehmer ins Bett gingen. Die Kinderdisko war immer freitags. Hier durften wir länger aufbleiben und frei durch alle Teile des Lagers umherlaufen. Am letzten Abend war es ein Ritual, den Betreuern Streiche zu spielen. Wir hatten die Aschenbecher auf den Bäumen versteckt, Zahnpasta an die Türklinken geschmiert und Wassereimer in die Betten der Betreuer gekippt.
Am Abreisetag lagen sich alle Kinder weinend in den Armen und wollten kaum nach Hause. Sie hatten alle die Zeit sehr genossen. Mein Vater und seine Frau konnten in dieser Zeit nicht ihren Frust und ihre Wut an mir auslassen. Das Ferienlager war ein geschützter Ort für mich, mir ging es dort gut, ich habe viel gelacht, neue Freunde gefunden und ich konnte einfach unbeschwert sein.

Kinderferienlager? Jedes Jahr!

Jana G.

Ich wurde im Sommer 1963 geboren und 1970 eingeschult. Die Sommerferien dauerten damals den ganzen Sommer lang – und ja, es waren noch richtige, unendlich lange Sommer, für mich als kleines Mädchen ganz deutlich daran zu erkennen, dass ich den jährlichen Kampf mit meiner geliebten Großmutter um das Tragen von Kniestrümpfen (statt ewig zu kleiner, vielfach an den Knien gestopfter, kratzender Strumpfhosen) schließlich gewonnen hatte.
Kniestrümpfe, Großeltern und schließlich auch Ferienlager, das bedeutete „Sommer". Meine Eltern, beide berufstätig, hätten die langen Sommerferien gar nicht ohne die Hilfe der Großeltern und ohne das Betriebsferienlager für meinen älteren Bruder und mich überbrücken können. Gut, es gab auch noch die „Ferienspiele" (Ferienhort in der Schule vor Ort), aber das war eben in der Schule – wir wollten und mussten da nicht hin. Wegfahren war auf jeden Fall besser, wobei ich mich auch nicht daran erinnern kann, gefragt worden zu sein.
Sicherlich hatte ich als Kind von acht Jahren auch Heimweh, ich erinnere aber vor allem Wärme, Düfte, Wiesen, Wälder... Mitunter fühlte ich mich als eher stilles Kind auch sehr allein. Abends im Bett haben wir endlose Lieder mit z. T. selbst gedichteten Strophen („Auf der Festung Königstein, juppheidi, juppheida ...") gesungen und uns „Gruselgeschichten" erzählt. So fuhr ich mit dem Bus also mehrmals in einen kleinen Ort in Thüringen, nach St. Gangloff. Ich weiß, dass wir dort auch Urlaube mit den Eltern verbracht haben, deshalb wird es wahrscheinlich für ein Kinderferienlager vergleichsweise gut ausgestattet gewesen sein. Ja, ich erlernte auch das Schießen mit dem Luftgewehr, aber die Betonung lag hier in meiner kindlichen Wahrnehmung eindeutig auf „Kinder" und „Ferien".
Ganz anders in dem Zentralen Ferienlager in Glowe/Rügen, für das der Betrieb meines Vaters Kontingente bekam. Ich weiß noch, wie ich mich darauf freute (mit etwa 13/14 Jahren), an die Ostsee fahren zu dürfen (nicht immer nur Thüringen oder Altdöbern in der Lausitz). Aber hier lag für mich nun die Betonung eher auf „Lager": lange Baracken, viele Kinder in den Zimmern, riesige Essensäle (in denen in Durchgängen gegessen wurde) und Appelle, alles irgendwie lieblos und uniform, das kannte ich bisher so nicht und ich fühlte mich fremd. Dasselbe Lager besuchte ich nur wenige Jahre später als Studentin (Ferienlagerpraktikum für angehende Lehrer). Als Seminargruppe versuchten wir gemeinsam in relativer Eigenständigkeit für die Kinder der Hochschulmitarbeiter in einem eigenen Lagerteil schöne Ferien zu gestalten mit Ausflügen und Angeboten, für uns war das ja ein Praktikum. Die Kinder waren großartig – und wir waren das auch. Wir alle hatten Ferien. Jede Nacht – wenn wir keine Aufsicht hatten – saßen wir heimlich am Strand zusammen mit den Rettungsschwimmern und der tschechischen Krankenschwester und mussten uns in regelmäßigen Abständen in der Strandburg auf den Boden drücken, um nicht von den Scheinwerfern der Grenztrup-

pen erfasst zu werden … Leider musste ich schließlich mit einer Nierenbeckenentzündung das Praktikum vorzeitig abbrechen. Ironischerweise bewahrte mich eben diese verschleppte Erkrankung davor, das Lager ein drittes Mal im Rahmen des obligatorischen sechswöchigen Zivilverteidigungslehrganges für Studentinnen besuchen zu müssen. Meine Ärztin schrieb mich „lageruntauglich".

Meine Pionierlager
Eberhard Aurich,
geb. 1946 in Chemnitz,
von 1969-1989 hauptamtlicher
Funktionär der FDJ,
von 1983-1989 1. Sekretär
des Zentralrats der FDJ

Als Kinder freuten wir uns immer auf die Sommerferien, die von Anfang Juli an acht Wochen andauerten. In den ersten Jahren war ich nur in den Ferienspielen in unserer Schule. Die Klassenzimmer waren ausgeräumt, dort lag jetzt Stroh auf dem Boden, worauf wir Mittagsruhe hielten. Da die Schule noch kein Geschirr und Besteck hatte, gab mir meine Mutter einen flachen Topf und Besteck mit, womit ich aß: traditionelles Essen wie Makkaroni mit Jagdwurst und Tomatensoße, Sauerkraut und Kartoffeln mit Bratwurst, Kartoffelsuppe mit Würstchen, aber auch dazu manchmal Kirschen (auch mal mit Maden), Pudding und Kuchen am Nachmittag. Wir streiften durch den Zeisigwald unserer Stadt, gingen dort ins Freibad, spielten Völkerball auf dem Schulhof, sahen Schmalfilme und Dias, gingen ins Puppentheater, besuchten Museen. Für die 10 Mark hätte mich meine Mutter in diesen drei Wochen niemals zu Hause versorgen können und mir Eintritte in das Bad, die Museen oder Kultureinrichtungen bezahlen können. Es waren schöne Tage, politische Rituale spielten kaum eine Rolle. Das war 1954-1956. Am Ende der 4. Klasse (1957) fuhr ich erstmals in ein Betriebsferienlager der Baufirma meines Vaters nach Zwota in der Nähe von Klingenthal. Untergebracht waren wir in einem Gasthof, der damals noch das Jugendklubhaus „Erich Honecker" war. Wir schliefen in Doppelstock-Betten. Ich glaube, meine Eltern zahlten 12 Mark für drei Wochen Kinderurlaub. Wir wanderten durch das Vogtland, stiegen auf den Aschberg und pflückten Eimer voll Himbeeren an der damals noch mit Stacheldraht bewehrten Grenze zur ČSSR. Auch Pilze sammelten wir, die abends die Gemeinschaftsverpflegung bereicherten. Wir bastelten Wasserräder, die wir in den umliegenden Bächen ausprobierten, sangen viele Volkslieder mit Akkordeon-Begleitung (Weltmeister aus Klingenthal). Wir spielten Fußball vor dem Haus und ließen uns im Wald von Wespen stechen. Es waren lockere und erholsame Tage in einer wunderschönen Landschaft. Höhepunkte waren zwei tolle Ausflüge mit dem Bus einmal zum Fichtelberg und zum Frohnauer

Hammer ins Erzgebirge und ein andermal zur Bleilochtalsperre in Thüringen mit Besuch der Feengrotten in Saalfeld. Rituale der Pionierorganisation spielten in diesem Betriebsferienlager keine Rolle.

Ein Jahr später erhielt ich als Gruppenratsvorsitzender der Pioniere in meiner Klasse einen Platz in einem Zentralen Pionierlager. Es war also eine Art Auszeichnung. Dieser Aufenthalt kostete meiner Mutter nur 10 Mark für drei Wochen. Es ging ins Pionierlager „Feliks Dzierzynski" nach Bad Saarow am Scharmützelsee östlich von Berlin. Trägerbetrieb dieses Lagers war das Eisenhüttenkombinat „J. W. Stalin" Stalinstadt. Abends fuhren wir mit einem Sonderzug von Karl-Marx-Stadt aus nach Wendisch Rietz. Von dort liefen wir am Morgen bis ins Lager (etwa 6 km). Wir bezogen Zelte mitten im Wald, in denen jeweils 16 Kinder auf Strohsäcken schliefen. Den Geruch des Kiefernwaldes habe ich heute noch in der Nase.

Frühstück, Mittag und Abendbrot gab es in einem gemeinsamen Speisesaal. Ich erinnere mich, dass ich in den ersten Tagen ziemliches Heimweh hatte. Wir spielten viel Tischtennis und Fußball. Das Lager hatte einen eigenen Strand am See. Dort gingen wir baden. Ich legte in diesem Lager im August 1959 auch mein Fahrtenschwimmerzeugnis (45 min Schwimmen) ab.

Wir erkundeten die Umgebung. Höhepunkt des Lagerlebens war ein Ausflug nach Stalinstadt (heute Eisenhüttenstadt): Wir staunten über die neuen modernen Wohnhäuser und die wunderschönen Schulen (mit Trinkbrunnen für die Schüler), die wir in Karl-Marx-Stadt nicht hatten. Wir waren auch im Eisenhüttenkombinat und erfuhren etwas von der Schwere der Arbeit der Kumpel dort.

Im Lager selbst gab es Fahnenappelle, die wir für selbstverständlich hielten. Wie legten unser blaues Halstuch an und danach wieder ab. Über den Namensgeber des Lagers, Feliks Dzierzynski, erfuhren wir nicht viel.

Es gab noch tolle andere Erlebnisse: So erinnere ich mich an eine Nachtwanderung zu einem Steinbruch außerhalb des Lagers. Sie endete an einem Lagerfeuer. Wir sangen Lieder und schliefen die Nacht über in freier Natur in der Nähe des Feuers. Erst am Morgen sind wir ins eigentliche Lager zurückgekehrt. (Später waren solche romantischen Ausflüge nicht mehr gestattet.) Wir bereiteten in unseren Gruppen kleine Kulturprogramme vor, die wir auf einer Freilichtbühne aufführten. In der Nähe des Lagers war das Wohnhaus von Günter Simon, dem Schauspieler, den wir alle als Ernst Thälmann im Film kannten. Ehrfürchtig gingen wir an seinem Haus vorbei.

Auch im nächsten Jahr war ich wieder in diesem Lager. Erst 1960 wechselten wir in das Lager nebenan, in das Pionierlager „Lilo Hermann". Trägerbetrieb waren hier die Reifenwerke Fürstenwalde. Auch diese besichtigten wir als Pioniere und erfuhren so, wie Reifen

produziert werden. Wir fuhren mit der Dampf-S-Bahn erstmals nach Berlin und kamen bis ans Brandenburger Tor (damals noch offene Grenze), sahen die Stalin-Allee.
Das Lager hatte eine etwas andere Struktur. Die Zelte standen reihum an einem Platz. Wir wetteiferten um den schönsten Zeltgarten. Der meines Zeltes wurde durch einen Maulwurf zerstört. Wir gruben den Missetäter aus und „hängten“ ihn auf. An einem Sonntag lagerten wir alle rund um den Lautsprecher auf dem Appellplatz, Heinz-Florian Oertel berichtete im Radio von der Radweltmeisterschaft auf dem Sachsenring. Täve Schur, Weltmeister 1958 und 1959, verhalf Bernhard Eckstein zum Sieg. Das machte ihn für uns zur Legende. Der Jubel war grenzenlos. Ich selbst legte im Lager das Sportabzeichen der DDR ab und schaffte die Prüfung für die neue Schwimmstufe III. Erstmals interessierte ich mich in diesem Lager für ein Mädchen. Zu dieser Zeit war ich Freundschaftsratsvorsitzender in meiner Schule und besuchte mit einer Pionierdelegation Budapest. Auch dort waren wir Gast in einem Pionierlager auf den Budaer Bergen.
Die Gemeinschaftserlebnisse in den Pionierlagern haben mich wesentlich geprägt. Es waren stets wunderschöne Ferien. Die Erlebnisse standen im Mittelpunkt: Touristik und Sport, Natur und Wanderungen, Baden und Schwimmen, Kultur und Ausflüge, davon war das Lagerleben bestimmt. Politische Rituale gab es auch: Appelle, Ehrungen für Ernst Thälmann und Lilo Hermann. Das war antifaschistischer Pionieralltag, wir haben dies ernst genommen, es hat niemand besonders gestört. In Bad Saarow erhielt ich 1959 auch das Lagerabzeichen als Auszeichnung, das ich heute noch besitze.
Mit Pionierlagern kam ich später noch mehrfach in Berührung. Während meines Studiums am Pädagogischen Institut in Zwickau gehörte zu unserer Ausbildung am Ende des 1. Studienjahres ein Pionierlagerpraktikum. Ich absolvierte dieses 1966 im Pionierlager der SDAG Wismut an der Talsperre Kriebstein. Auch dort war das Lagerleben erlebnisorientiert. Für mich als nunmehr Gruppenleiter stand im Mittelpunkt, den Kindern Erlebnisse zu verschaffen und zugleich für ihre Sicherheit zu sorgen, denn es gab dort steile Abhänge hin zur Talsperre. Das größte Erlebnis war aber ein Touristenlager außerhalb des eigentlichen Pionierlagers. Wir bauten gemeinsam mit den Kindern Zelte aus Planen, entfachten ein Lagerfeuer und kochten darüber das Essen. Am Feuer wurde gesungen, alle verlebten eine unvergessliche Nacht im Zelt. Ich habe später nie verstanden, warum die Ministerin für Volksbildung diese Romantik untersagte. Und dann war das Lager-leben noch von einem anderen Ereignis geprägt, der Fußballweltmeisterschaft in England. Die DDR war nicht vertreten, nur die BRD. Es kam zum Endspiel England-BRD. Der Betreuer der Lehrerpraktikanten, es war unser Geschichtsdozent, verlangte von uns, eine „klassenmäßige“ Beurteilung dieses Endspiels: Das Herz dürfe

natürlich nicht für die BRD schlagen. Schließlich siegte ziemlich umstritten England. Uns blieb die parteiliche Auseinandersetzung erspart. Das war 1966.

1975, ich war stellv. Leiter der Abteilung Studenten im Zentralrat der FDJ, erklärte ich mich bereit, die Kinder der Mitarbeiter des Zentralrats der FDJ im Pionierlager in Ahlbeck zu betreuen, wenn meine Frau und mein Sohn mitkommen können. So geschah es auch. Dort erlebte ich, dass man als Leiter eines solchen Lagers außerordentlich wenig Freizeit hat, immer gibt es irgendwelche Verpflichtungen und notwendige Konsultationen mit den Erziehern, mit der Küche, mit den Lagerverantwortlichen. In diesem Lager gab es keine Zelte mehr, sondern Holzhäuser. Das Lagerleben fand vor allem am Strand der Ostsee statt. Meine Illusion, Urlaub und gesellschaftliche Arbeit zu verbinden, zerplatzte, meine Frau war sauer, nur wenige Stunden konnte ich am Strand verbringen, weil ich einfach meinen Posten ernst nahm. Die Gruppenleiter waren Pionierleiterstudenten aus der Pionierleiterschule Droysig, die auch ihre Anleitung benötigten.

In den 1980er Jahren gab es grundlegende Änderungen in der materiellen Ausstattung der Zentralen Pionierlager. Bis dato waren es eigentlich nur Zeltlager. Die Sommer dieser Jahre taten aber den Zelten nicht gut. Es kam die Idee auf, mehr feste Gebäude zu errichten, um diese ganzjährig nutzen zu können. In Karl-Marx-Stadt habe ich mich dafür eingesetzt, dass das Zentrale Pionierlager in Einsiedel wunderschöne feste Gebäude erhielt und ähnlich wie die Pionierrepublik „Wilhelm Pieck" am Werbellinsee das ganze Jahr über Kindern zur Erholung und auch Ausbildung zur Verfügung stand. Das Pionierlager „Lilo Hermann" in Bad Saarow u.a. erhielt ebenfalls Flachbauten (Bungalows) statt Zelte. Das war ein gemeinsames Projekt des Amtes für Jugendfragen beim Ministerrat der DDR und des Zentralrats der FDJ.

Ich kannte viele Lager: Einsiedel und Schneeberg, Bad Saarow und Störitzsee, Ahlbeck auf Usedom und Wilhelmsthal bei Eisenach.

Einige dieser Lager dienen noch heute der Kinder- und Jugenderholung. Die Lager in Bad Saarow gibt es nicht mehr. Das Gelände des Dzierzynski-Lagers wurde durch die Treuhand an Investoren für Hotelketten verkauft. Das andere Lager ist einfach verfallen, der dortige Strand nicht mehr nutzbar. Über unsere Freilichtbühne in Bad Saarow hat sich der Wald ausgebreitet.

Heute kostet die Ferienunterbringung von Kindern viel Geld. Es ist gut, dass ehrenamtlich organisierte Vereine dieses Erbe der DDR für die Kinder- und Jugendarbeit noch nutzen und versuchen, ein interessantes Freizeiterlebnis für Kinder und Jugendliche zu organisieren.

Lollarbie im Ferienlager

Greta P.

Ich bin 1973 geboren, in Leipzig aufgewachsen und habe ab 1980 eine POS besucht. Ich war nur in der 1. Klasse im Hort und die Ferienspiele in der Schule habe ich, soweit ich weiß, nie besucht. In den Sommerferien war ich immer fast die kompletten acht Wochen entweder mit meinen Eltern oder mit meinen Omas unterwegs, zumindest bis ich ungefähr 11 Jahre alt war. Ich wusste, dass andere Kinder aus meiner Klasse in Betriebsferienlager fuhren. Ich hätte auch diese Möglichkeit gehabt, sowohl über die Poliklinik meiner Mutter als auch über das Backwarenkombinat, in dem mein Vater arbeitete. Aber meine Eltern haben das nicht vorgeschlagen und ich selbst war auch nicht scharf darauf. Ich empfand das eher als Notlösung. Erst später wurde es dann interessant, einige Zeit ohne Eltern oder Verwandte zu verbringen.

Mit 11 war ich das erste Mal in einem Ferienlager, aber nur ein paar Tage. Eigentlich war ich bei meiner Oma im Erzgebirge zu Besuch. Meine dortige Freundin fuhr ins Betriebsferienlager, und irgendwie wurde dann geregelt, dass ich mit durfte. Das Ferienlager lag an der Talsperre in Sosa im Wald. Ich habe so gut wie gar keine Erinnerungen daran, aber es gibt ein paar Fotos. Wir schliefen in großen Zelten. Ich glaube, wir sind die meiste Zeit durch den Wald gestromert und haben Tennis gespielt. Das war kein richtiger Tennisplatz, sondern festgestampfte Erde mit einem Netz. Ansonsten erinnere ich mich nur noch daran, dass ich mich nicht so wohl gefühlt habe, weil ich die anderen Mädchen nicht so sehr mochte. Sie waren ein Jahr älter als ich; das passte nicht so gut.

Mit 12 war ich mit anderen Kindern aus meiner Klasse und Schule auf einer Fahrt in Krakow in Polen. Vermutlich war das ein Pionierlager; ich glaube, die Pionierleiterin war mit. Ich habe keine Ahnung, wie ich dazu gekommen bin. Ich war immer eine gute Schülerin und habe jedes Jahr die Urkunde „Für gutes Lernen in der sozialistischen Schule" erhalten. Ich war wie fast alle in meiner Klasse bei den Pionieren, und ich hatte ab der 1. Klasse auch immer eine Funktion im Gruppenrat, als Schriftführerin oder Wandzeitungs-Redakteurin. Aber auf dieser Fahrt waren auch Kinder dabei, die nicht im Gruppenrat waren und die nicht so gute Zensuren hatten. Ich glaube, es wurde einfach gefragt, wer gern mit wollte. Auch an diese Reise hätte ich ohne Fotos fast überhaupt keine Erinnerungen. Ich weiß noch, dass wir exzessiv Tischtennis gespielt haben. Untergebracht waren wir in einem mehrstöckigen Haus mit Mehrbettzimmern, vermutlich eine Art Jugendherberge. Es gibt Fotos aus der Altstadt von Krakow; wir haben also offenbar Exkursionen gemacht. Für uns wichtiger waren aber die Diskos und harmlose Flirts mit den polnischen Jungs – ohne jegliche gemeinsame Sprachbasis ...

1987, nach der 7. Klasse, war ich im Pionierlager in Groß Köris. Da bin ich vermutlich gezielt gefragt worden, denn aus meiner Schule war sonst niemand dabei. Ich könnte mir vorstellen, dass das aufgrund meiner Funktion des Agitators gewesen ist, die man mir für ein Schuljahr „übergeholfen" hatte. Allerdings bin ich mir nicht sicher, ob das wirklich in diesem Jahr gewesen ist.

Groß Köris war ein schön gelegenes Lager, mitten im Kiefernwald direkt am See. Wir schliefen in Holzbaracken, zu viert. Gleichzeitig waren im Ferienlager auch Kinder aus anderen sozialistischen Ländern (aus der ČSSR z. B.) und – das war etwas Besonderes – aus der BRD.
Ich kann mich noch erinnern, dass wir ein Neptunfest gemacht haben und Lagerfeuer. Damals habe ich das Lied „Flackerndes Feuer" gelernt. Es gab einmal in der Woche eine Disko. Ein Kulturprogramm war, glaube ich, auch dabei. Für das mussten alle Gruppen einen Beitrag bringen. Und wir haben einen Schießwettbewerb mit dem Luftgewehr gemacht. Das weiß ich noch, weil ich 3. geworden bin – obwohl mir das Gewehr zu schwer war und mir ein anderes Mädchen helfen und den Lauf stützen musste. Ein Foto zeigt, dass wir eine Kahnfahrt im Spreewald gemacht haben. Es gab mit Sicherheit auch Fahnenappelle – aber das war so normal, dass sich das in der Erinnerung mit den Dutzenden anderen Appellen im Schulalltag überlagert. Jedenfalls hat man durchaus gemerkt, dass Groß Köris ein Pionierlager ist und kein Betriebsferienlager. Beispielsweise hatte ich an einem Tag Lagerwache. Da musste man in Pionierkleidung stundenlang am Schlagbaum stehen und darüber Buch führen, wer ins Lager rein und wer raus ging. Das war extrem langweilig und öde.
Aus Groß Köris habe ich immerhin zwei sehr lebendige Erinnerungen: Ein Mädchen aus meinem Zimmer war abends heimlich zu Besuch bei den Wessis und kam dann völlig aufgelöst und schluchzend wieder. Sie hatten Tischerücken gemacht. Außerdem habe ich in Groß Köris zum ersten Mal geküsst: einen der „großen Jungs", die ihren Ex-Lehrer besuchten, der im Ferienlager als Betreuer tätig war. Sie übernachteten hinter unseren Baracken in großen Armee-Zelten.
An die Ausstattung der Ferienlager erinnere ich mich nicht im Detail. Normaler DDR-Standard, ähnlich dem in Jugendherbergen: einfach eingerichtete Räume, Doppelstockbetten, ein Schrank für zwei Personen, ein quadratischer Tisch, ein Stuhl pro Person, Neonröhre an der Decke. Auch an die Sanitäranlagen und an die Verpflegung erinnere ich mich nicht, also werden sie erwartungsgemäß und einigermaßen in Ordnung gewesen sein. In Groß Köris gab es die Milch in pyramidenförmigen Papp-Tüten, in diesen sogenannten „Picasso-Eutern". Das war etwas Besonderes, das gab es in Leipzig nicht.
Die Betreuer in den Ferienlagern waren verhältnismäßig jung: Lehrer oder Studenten. Wie die An- und Abreise erfolgte, weiß ich nicht mehr, vermutlich mit dem Zug und vom Bahnhof, dann per Bus. An Morgensport erinnere ich mich auch nicht. Appelle gab es zu Beginn und am Ende und zwischendrin nur bei besonderen Anlässen.
Im Sommer 1989 war ich in einer Art Spezialistenlager im Rahmen der „mobil Ferienexpedition". Das war eine Veranstaltung des DDR-Fernsehens: Ausgesuchte Arbeitsgemeinschaften erhielten die Teilnahme als Auszeichnung. Meine Gruppe wurde mit Bussen nach Seifhennersdorf in der Oberlausitz gebracht. Dieses Ferienlager lag am Waldrand auf einem Berg und bestand aus

Holzbaracken und festen Gebäuden, in denen sich z. B. der Essensraum befand. Wie der Name „Ferienexpedition“ schon sagt, waren wir sehr viel unterwegs. Wir haben Wanderungen gemacht (z. B. auf den Oybin), haben viel über Land und Leute gelernt (Umgebindehäuser, Weberaufstand) und waren in diversen Betrieben der Textilproduktion. Aber auch hier hatten wir genügend freie Zeit. Ich erinnere mich auch an Diskos, bei denen sich kein Mensch um die 60%-Regelung scherte. Besonders in Erinnerung ist mir geblieben, wie Adi, der Moderator der Kinder-Sport-Sendung „Mach mit, mach's nach, mach's besser“, ein Lied bei einer der Diskos ansagte: „Jetzt kommt Lollarbie von Tee Kureh.“ Gemeint war Lullaby von The Cure ...
Zum Ende der Ferienexpedition trafen sich alle Gruppen, die in verschiedenen Lagern gewesen waren, zur gemeinsamen Schlusswoche in Markgrafenheide an der Ostsee. Wir reisten mit Zügen an, in denen ganze Abteile für uns reserviert waren – während sich die Urlauber in die Gänge der restlichen Abteile quetschen mussten. In Markgrafenheide wohnten wir in festen Plattenbau-Gebäuden. Auch hier gab es wieder viele Aktivitäten, immer dabei die Kameras des DDR-Fernsehens. Die Abschlusssendung der „mobil Ferienexpedition“ habe ich mir später im Fernsehen angesehen. Schade, dass es damals bei uns zu Hause noch keinen Videorekorder gab. Sonst könnte ich heute meinen Kindern zeigen, wie Mama und Papa als Teenager aussahen. Denn in meinem letzten Ferienlager im vorletzten Sommer der DDR habe ich meinen späteren Mann und Vater meiner drei Kinder kennengelernt ...

ADN - Allgemeine Deutsche Nachrichtendienst (ADN) war neben Panorama DDR die einzige zugelassene Nachrichten- und Bildagentur
Agitation - rhetorische Beeinflussung anderer zur politischen Meinungsbildung
BDVP - Bezirksdirektion der Volkspolizei in der DDR
BKW - Braunkohlenwerk
BStU - seit 1990 die bundesdeutsche Behörde des Bundesbeauftragten für die Unterlagen des Staatssicherheitsdienstes der ehemaligen Deutschen Demokratischen Republik
ČSSR - Tschechoslowakische Sozialistische Republik (1960-1990)
DEFA - die Deutsche Film-Aktiengesellschaft war die staatliche Filmproduktionsfirma der DDR
Hort - vor- und nachunterrichtliche Betreuung von Schulkindern der 1. - 4. Klasse in der DDR auf dem Schulgelände
IFA - der Industrieverband Fahrzeugbau war der Zusammenschluss von Betrieben des Fahrzeugbaus in der DDR
Mitropa - die Mitteleuropäische Schlafwagen- und Speisewagen-Aktien-Gesellschaft bewirtschaftete die MITROPA die Speisewagen im Zugverkehr und die Bahnhofsgaststätten in der DDR
Pfadfinder - internationale, religiös und politisch unabhängige Jugend- und Erziehungsbewegung
Pittiplatsch und Schnatterinchen - waren Puppenfiguren im Kinderprogramm des DDR-Fernsehens
RIAS - der Rundfunk im Amerikanischen Sektor war eine Rundfunkanstalt mit Sitz im West-Berlin
SBZ - Sowjetische Besatzungszone in Deutschland nach 1945
SED - die Sozialistische Einheitspartei Deutschland wurde durch die Zwangsvereinigung von KPD und SPD 1946 in der SBZ gegründet und später die Staatspartei in der DDR
Spartakiade - Die Kinder- und Jugendspartakiaden waren in der DDR und den anderen Ländern des Osteuroipas regelmäßig veranstaltete Sportwettkämpfe und Leistungsvergleiche
UdSSR - Union der Sozialistischen Sowjetrepubliken (1917-1991), kurz Sowjetunion
VR Polen - Volksrepublik Polen (1947-1989)
Wandervogel - bürgerliche Jugendbewegung mit Anlehnung an Reformpädagogik und Lebensreformkultur
Wehrkundeunterricht - seit 1978 Unterrichtsfach der 9. und 10. Klasse in DDR Schulen
ZK der SED - das Zentralkomitee der SED leitete die gesamte politische Tätigkeit der Partei

Bildnachweis

S. 5 ND/Lange, **S. 7** BArch, Bild 19-280-385-70-08, **S. 9** BArch, Bild 194-0822-21, BArch, Bild 183-R24553, **S. 10** BArch, Bild 194-0252-21, BArch, Bild 183-C09184, BArch, Bild 194-0238-29A, **S. 11** BArch, Bild 1-599-26763, **S. 13** Postkarten Artek Foto Tunkelja, Kosmenko, Plaksina, **S. 14** BArch, Bild 183-L0919-408, BArch, Bild 183-L0919-409, **S. 16** BArch, Bild 12-169-3143-67, BArch, Bild 1-600-3142-67, BArch, Bild 1-600-523-88, **S. 17** BArch, Bild 1-600-168-73, **S. 19** BArch, Bild 19-310-02, **S. 20** BArch, Bild 183-20527-0040, **S. 21** BArch, Bild 183-E7020-0004-001, **S. 22** BArch, Bild 12-169-3136-67, BArch, Bild 12-169-3114-67, **S. 23** BArch, Bild 2-493-01, BArch, Bild 19-325-01, BArch, Bild 19-310-04, **S. 24** BArch, Bild 19-289-198-63-09, **S. 25** BArch, Bild 19-289-198-63-10, **S. 27** BArch, IZJ FOTO 4528_VS, Illustration: Unser Betriebsferienlager. Eine Pädagogische Anleitung für Lagerleiter und Helfer. Tribüne, Verlag und Druckereien des FDGB, Berlin-Treptow [1959], (S. 68), **S. 28** BArch, Bild 183-H0124-0032-001, **S. 29** BArch, Bild 183-Z0514-038, **S. 30** ND/Häßler, **S. 31** BArch, Bild 183-1984-0215-011, **S. 33** BArch, Bild 19-280-515-73-2-16, **S. 35** BArch, Bild 19-280-515-73-1-19, **S. 36** ND/Hirschberger, **S. 37** BArch, Bild 19-284-171-85-II-05, ND/Hirschberger, BArch, Bild 19-275-155-88-03, BArch, Bild 19-275-155-88-04, **S. 38** BArch, Bild 19-280-405-77-18, BArch, Bild 183-1985-0829-303, BArch, Bild 19-308-224-84-09, BArch, Bild 183-1986-0718-014, BArch, Bild 19-308-224-84-14, **S. 39** BArch, Bild 19-324-04, BArch, Bild 19-324-02, BArch, Bild 19-324-03, **S. 40** BArch, Bild 183-1988-0804-015, **S. 41** BArch, Bild 19-280-01, **S. 42** Foto links ©picture-alliance, BArch, Bild 19-280-515-73-2-05, **S. 43** Postkarte VEB Secura, privat, **S. 44** ND/Helbig, **S. 45** BArch, Bild 19-280-515-73-2-09, BArch, Bild 19-299-2429-66-2-10, BArch, Bild 19-281-301-83-08, BArch, Bild 19-279-359-69-31, **S. 46** BArch, Bild 19-278-388-72-2-09, **S. 47** BArch, Bild 2-496-01, BArch, Bild 19-278-1103-74-1-03, BArch, Bild 19-275-188-83-16-48, BArch, Bild 12-1081-02, **S. 48** BArch, Bild 19-281-1060-74-25, **S. 49** BArch, Bild 19-310-06, BArch, Bild 19-280-515-73-1-16, BArch, Bild 19-281-433-72-03, BArch, Bild 19-280-515-73-1-08, **S. 50** BArch, Bild 19-281-433-72-11, BA 19-279-478-81-03, BA 19-281-433-72-22, BA 19-275-188-83-15-55, **S. 51** BA 19-279-3179-67-12, **S. 52** BA 183-U0718-409, BArch, Bild 12-1081-04, **S. 53** BArch, Bild 19-275-188-83-7-55, BArch, Bild 19-278-1103-74-2-1-25, BArch, Bild 19-279-359-69-38, BArch, Bild 19-279-1104-74-10, **S. 54** BArch, Bild 19-279-359-69-15a, **S. 55** BArch, Bild 19-279-3179-67-04, **S. 57** BArch, Bild 19-289-411-72-1-12, **S. 58** BArch, Bild 19-278-1103-74-1-09, **S. 59** BArch, Bild 19-289-411-72-1-03, **S. 60** BArch, Bild 19-281-433-72-52, **S. 61** BArch, Bild 19-281-433-72-30, **S. 63** ©picture-alliance, **S. 64** BArch, Bild 19-275-01, **S. 65** BArch, Bild 183-1986-0705-001, BArch, Bild 19-275-249-84-1-12, **S. 66** BArch, Bild 183-1986-0705-002, ND/Kasper, **S. 67** ND/Bonitz, ND/Bonitz, **S. 69** ND/Lenke, **S. 71** BArch, Bild 19-279-408-77-07, BArch, Bild 19-228-445-85-09, **S. 72** ND/Winkler, **S. 74** BArch, Bild 19-278-328-81-05, **S. 76** BArch, Bild 19-278-1103-74-2-2-25, ND/Kasper, **S. 77** BArch, Bild 19-299-2429-66-2-05, BArch, Bild 2-496-03, BArch, Bild 19-275-188-83-16-50, BArch, Bild 19-276-377-69-3-07, BArch, Bild 19-278-1103-74-2-2-13, **S. 78** BArch, Bild 12-1081-01, **S. 79** BArch, Bild 19-276-377-69-1-12, **S. 80** ND/Schmidt, BArch, Bild 19-281-433-72-42, **S. 81** BArch, Bild 19-327-574-75-02, BArch, Bild 19-327-574-75-16, BArch, Bild 19-280-515-73-2-23, BArch, Bild 183-U0602-047, S. 82 BArch, Bild 183-1985-0829-302, BArch, Bild 19-327-574-75-11, BArch, Bild 183-J0810-0033-001, **S. 83** BArch, Bild 19-324-01, **S. 84** BArch, Bild 183-A0711-004, Foto rechts ©picture-alliance, **S. 85** ND/Lochmann, **S. 87** ND/Bonitz, **S. 90** BArch, Bild 183-75282-0004, **S. 91** BArch, Bild 19-289-153-88-2-46, BA 19-198-01, BArch, Bild 19-278-460-72-04, **S. 100** BArch, Bild 19-299-2429-66-2-23, **S. 111** BArch, Bild 19-198-17-99, ND/Bildarchiv Nr. 143, **S. 115** BArch, Bild 19-281-433-72-07, **S. 117**DEFA Stiftung, **S. 119** DEFA Stiftung, **S. 132** ND/Schmidt, **S. 152** BArch, Bild 19-279-359-69-33, **S. 162** ND/Schmidt, **S. 164** ND/Winkler, **S. 166** ddrbildarchiv.de/Siegfried Bonitz,
Bild Einband: BA 19-279-359-69-33

Impressum

Bibliografische Information: Die Deutsche Nationalbibliothek verzeichnet diese Publikation in der Deutschen Nationalbibliografie; detaillierte bibliografische Daten sind im Internet über http://dnb.d-nb.de abrufbar.

Alle Rechte vorbehalten. Nachdruck, auch auszugsweise, sowie Verbreitung durch Film, Funk und Fernsehen, im Internet, durch fotomechanische Wiedergabe, Tonträger und Datenverarbeitungssysteme jeglicher Art, nur mit schriftlicher Genehmigung des Verlages.

1. Auflage 2020
© Verlag für Regional- und Zeitgeschichte
Rahnsdorfer Straße 26, 12587 Berlin
Tel.: 030 6 43 28 776
Fax: 030 6 40 94 706
Mail: verlag@die-mark-brandenburg.de
Internet: www.die-mark-brandenburg.de

Satz und Umschlaggestaltung: Bauersfeld Grafikdesign • Potsdam
Druck und Bindung: Standartu spaustuve • Vilnius

ISBN 978-3-948052-07-2